スヴェンスカ・ヘムの女性たち

スウェーデン「専業主婦の時代」の始まりと終わり

太田美幸

新評論

まえがき

「丁寧な暮らし」という表現が日本でよく見られるようになったのは、二〇一〇年代半ば以降のことである。暮らしを取り巻くさまざまなものに気を配り、手間と時間をかけて自分なりの心地よさを追求するライフスタイルに憧れを抱く人が、女性を中心に増えているようだ。

いわゆる「北欧スタイル」との相性もよいとみなされているらしいが、本書の舞台であるスウェーデンでも、二〇〇〇年代の半ば頃から同じような現象が生じている。こぎれいに身なりを整え、アイロンのかかったエプロンをつけてオーガニックな料理をつくり、家族や友人のためにパンやお菓子を焼く。自然素材を使って住まいを快適に整え、キャンドルを灯してくつろげる雰囲気をつくり、空いた時間にはゆったりと編み物や刺繍を楽しむ、というのがその典型的なスタイルだ。

つまり、身近な人との親密さを重視し、温もりや快適さを得るための手間を惜しまない暮らし方である。簡便に済ませることもできるような家事に、あえて時間をかけて取り組むことだと言ってもいいだろう。

スウェーデンにおけるこうした志向は、一九五〇年代の専業主婦のイメージに触発されたものだとみなされている。専業主婦として生きる女性が増え、家事への関心が高まった時代だ。かつて専業主婦が情熱をそそいだ家事が「オーセンティックな（真性の）ライフスタイル」として憧れの対象となり、自家製ジャムやカップケーキ、レトロなインテリアや手工芸などが、ブログやSNSに盛んに投稿されている。

本書のサブタイトルにあるとおり、スウェーデンには「専業主婦の時代」と呼ばれる時期があった。一九三〇年代にはじまる福祉国家形成期において、「国民の家」のスローガンのもとで専業主婦という生き方が奨励され、実際にきわめて多くの女性が専業主婦になったのである。ピーク時には、既婚女性の九割が専業主婦だった。女性が職業をもつことが当たり前になった現代スウェーデンの状況を知る人は、おそらく意外に思うことだろう。

そう、現在のスウェーデンは「専業主婦のいない国」である。その国でいま、専業主婦的なライフスタイルへの憧れが勢いを増している。この現象をフェミニズムへのバックラッシュとみなして警戒する人もいるが、他方で、こうした女性たちの自己表現をフェミニズム的実践の一部とみなす人もいる。曰く、日常生活に不可欠な家事を負担とみなすのではなく、自分なりの工夫と美意識を反映させながら積極的に楽しむことは、とても創造的な行為であるし、それをブログやSNSで発信することは、自分らしさを堂々と表現する自律的な行為である、ということらしい。

日本における「丁寧な暮らし」への反応（共感や批判）との論点の違いが興味深いが、つまり、スウェーデンにおける女性の生き方、ライフスタイルをめぐる現象は、フェミニズムの思想や運動と結びついて議論されるのが常なのだ。

二〇二一年、スウェーデンでは国を挙げて「民主主義一〇〇周年」が祝われた。完全普通選挙が実現したのが一九二一年だったからだ。女性が初めて国政選挙に参加したのもこの年である。政府や自治体、公的機関のほか、多くの民間団体が年間を通じて関連イベントを開催し、ジェンダー平等への挑戦の歴史が語られ、いまだに残る不平等の実態がさまざまな角度から検証された。在外研究のためスウェーデンの地方都市に長期滞在していた筆者は、そのパワーを目の当たりにして圧倒された。ジェンダー平等こそが民主主義の象徴であるかのような勢いだった。

かつての「専業主婦の時代」と現代の専業主婦的ライフスタイルの流行は、こうした文脈に照らしてどのような意味をもっているのか。本書の問いは、この点からはじまっている。

タイトルにある「スヴェンスカ・ヘム」とは、スウェーデンで一九〇五年に結成された女性だけの協同組合の名称で、「スウェーデンの家」という意味だ。この協同組合は短命に終わったが、女性の家事労働と政治参加をつなぐ結節点として象徴的な意味をもっている。かつて女性たちは、「家」という空間、「家」という制度のなかで人生のほとんどを過ごしたが、そうした人生に向き合いながら、自己実現をひたむきに目指した人々も多くいた。そうした意思の連なりが「専業主婦の時代」を生み出し、そしてその終焉をも招き、さらにジェンダー平等のための制度改革を導いたのである。その社会的意味を、本書では明らかにしていきたい。

二〇一八年に刊行した前著『スウェーデン・デザインと福祉国家――住まいと人づくりの文化史』（新評論）では、暮らしを取り巻くデザインに込められた「文化的理想」について書いたが、その理想を受け取った人々の生活の現実については十分につかみきれていなかった。本書は、その課題を意識しながら書いたものである。

二〇一九年四月に日本家政学会誌に寄稿した「『国民の家』の女性と家事――スウェーデンにおける福祉国家形成と消費者啓発」（七〇巻四号）の内容をもとにしつつ、ほとんどを書き下ろして完成させたが、二〇二〇年夏から一年間の在外研究の機会がなければ執筆は難しかった。温かく送り出してくださった職場の同僚のみなさんに心から御礼を申し上げたい。滞在先のリンシェーピン大学での議論や、現地での市民活動を通じて知り合った多くの人々から教わったことも、本書の随所にちりばめられている。ここに記して感謝したい。出版にあたっては、今回も株式会社新評論の武市一幸さんに格別のご配慮をいただいた。深く感謝申し上げたい。

二〇二三年一月

太田美幸

もくじ

まえがき　i

第1章　食料品店の挑戦　3
スウェーデンの #MeToo 運動　4
女性たちの「戦争」　6
スヴェンスカ・ヘムの遺産　14

第2章　暮らしと家事　23
お粥とミートボール　24
安全でない食品　28
農村の食卓　31
家事と農作業　36
製鉄所の主婦　42
都市で働く女性たち　49

第3章　労働者女性とブルジョワ女性　59
男性のための労働運動　60

女性労働者たちのクラブ 63
女性のための労働運動 68
『ヘッタ』のインパクト 75
エレン・ケイが果たした役割 84
母性の社会的保護 90
Column エレン・ケイ『恋愛と結婚』 93

第4章 つながる女性たち 95

消費をつくりかえる 96
主婦たちの居場所 102
協同家事の構想 105
家事をつくりかえる 113
「職業としての主婦」 120

第5章 「国民の家」の専業主婦 125

専業主婦の時代 126
「国民の家」における女性の役割 131

機能主義住宅と「モダンな主婦」 133
人口問題の危機 139
「社会主義的主婦」 142
Column アルヴァ・ミュルダール 144
目指すべき道 145
共同戦線 150
戦時下のキャンペーン 157
家事の大研究 161
Column 家事の作業過程を計測 165

第6章 専業主婦のいない社会 173

専業主婦の時代の終わり 174
「働く主婦」のアイデンティティ 180
女性たちの連帯 195

組織関係図 203
参考文献一覧 209
写真出典 212

スヴェンスカ・ヘムの女性たち——スウェーデン「専業主婦の時代」の始まりと終わり

第1章

食料品店の挑戦

スウェーデンの #MeToo 運動

二〇一三年一二月、スウェーデン公共テレビ局（SVT）で『ミス・フリーマンの戦争』と題するドラマが放送された。二〇世紀初頭のストックホルムを舞台とする歴史ドラマである。女性だけで食料品店を立ちあげることを決意した主人公ダグマル・フリーマンらの奮闘を描いたこのシリーズは、スウェーデン国内できわめて大きな注目を浴びた。その人気は、世界中にブームを巻き起こしたイギリスの歴史ドラマ『ダウントン・アビー』に匹敵するともいわれている［参考文献12］。

二〇一七年まで続いたシリーズでは、当時の参政権運動や労働運動における女性たちの困難のほか、家事の負担や家族関係の問題、性被害や性的搾取のありようが描かれ、大きな話題を呼んだ。とくに焦点が当てられていたのは、旧来の社会秩序を死守しようとする人々と、それを打ち壊そうとする女性たちの間に巻き起こる、激しい攻防である。

スウェーデン国内の専門家は、このドラマにおける描写は必ずしも当時の女性の状況を正確に反映したものではないと釘を刺しているが、おそらく制作者側の意図は、現在に通じるさまざまなジェンダー不平等の問題を視聴者に提起することにあったのだろう。そしてそれは、現代スウェーデン社会における多くの女性たちの思いを反映したものでもあったはずである。

たとえば、最終シーズンが放送された二〇一七年、スウェーデンで展開された「#MeToo 運動」の勢いはすさまじかった。著名人が次々と性被害を告発しはじめると、あらゆる業種、あらゆる年代の女性たちが、堰を切ったようにそれに続いたのだ。

業界ごとに異なるハッシュタグが生み出され、多くの女性がそれを用いて被害を訴え出たり、連帯の意思を表明したりした。そのなかには、高校生や小中学生によるグループもある。首都ストックホルムで開催された証言集会には、王妃や王太子、文化大臣らも参加して注目を集めた［参考文献42］。

こうした動きを背景に、二〇一八年七月には明確な同意が示されない状態での性行為を犯罪とする法改正がおこなわれている。

いまから約一〇〇年前、一九二一年に、スウェーデンでは女性参政権が実現した。それから長い年月を経て、この国のジェンダー平等は大きな前進を遂げている。だが、女性たちの闘いはまだ続いているのだ。テレビドラマ『ミス・フリーマンの戦争』の人気は、一〇〇年前から続く女性たちの連帯に対する賛辞でもあったのかもしれない。

女性たちの「戦争」

このドラマのストーリーを簡単に紹介しておこう。

物語は、主人公ダグマル・フリーマンがイギリスでの長期滞在を終えて帰国する場面からはじまる。彼女は中年とみなされる世代の未婚女性で、イギリスで女性参政権の実現を目指して闘っていた女性グループ（「サフラジェット」と呼ばれる）に触発され、スウェーデンの女性参政権運動に参加することを決意して帰国したのだった。

イギリス滞在中に亡くなった父の遺産をストックホルムでの生活費と活動資金に充てるつもりでいたのだが、連絡の行き違いが原因で、弁護士を生業とする異母弟がすべての遺産を相続する手続きを終えていたことが判明する。女性参政権運動への参加は先送りせざるを得ず、彼女はストックホルムで自活の道を探ることになった。

先行きが見えないまま下宿先に身を落ち着けた矢先、ダグマルは荷物運びの幼い少年が厨房で牛乳を盗むところを目撃する。彼を追いかけて貧困層の住むスラムに足を踏み入れた彼女が目にしたのは、不衛生なベッドで重い病に苦しむ兄に、持ち帰った牛乳を飲ませている少年の姿だった。

ダグマルは急いで医者を呼んだ。医者は、食べ物が原因で貧しい家庭の子どもたちが次々と健康を害しているという。それを聞いて市場に出向いた彼女は、異臭を放つ肉や牛乳が雑然と売られているのを目の当たりにする。貧しい人々が買えるものは、そうした食料しかなかったのだ。実際、この時期のスウェーデンでは、結核菌に汚染された牛乳が市場で頻繁に販売されていることが発覚し、大きな社会問題となっていた。

一計を案じたダグマルは、弁護士の妻として家庭を切り盛りしていた義理の妹、その義妹が雇っていた女性料理人、会計士としてのキャリアをもちながら女性であるがゆえに職を失ってしまった友人、暇をもて余していた裕福な未亡人らを仲間に引き入れ、安全な食品を手頃な価格で販売する食料品店を開くというプランを立てる。イギリス伝来の協同組合運動はすでにスウェーデンにも根を下ろしており、ダグマルらは協同組合による食料品店経営を目指して準備に奔走した。

これに対して、近隣の同業者が妨害工作を開始するのだが、その様相は、商売敵の出現に対

『ミス・フリーマンの戦争』

する警戒というよりは、「身のほどをわきまえない」女性たちに対する戒めといったほうがふさわしい。

まずは卸売業者に圧力をかけ、ダグマルらの店との取引を妨害した。彼女たちがやっとのことで協力してくれる業者を見つけると、ならず者を雇って店舗への商品搬入車を襲撃させるといった具合である。

こうした過程を経て彼女たちは、女性の社会的立場の弱さと理不尽な権利制限に対する問題意識を、さらに膨らませていった。

食料品店がなんとか開店に至り、経営が安定したあとの出来事を描いた第二シーズン以降は、参政権運動に参加する女性たちに向けられた人々の冷淡な眼差しや、女性同士の敵対、未婚の中年女性に対する偏見、中産階級の主婦が抱える孤独、貧しさゆえに身体を売る女性への理不尽な処遇、同性愛者への迫害、妻を亡くしたシングルファザーの困難、安い賃金で重労働を担う女性労働者と、彼女たちを「スト破り」と同一視して攻撃する労働組合など、多様なジェンダー問題が次から次へと登場する。「ミス・フリーマン」たちの「戦争」とは、女性の社会参加と自己実現を拒むものに対する果てしない闘いだった。

ところで、このドラマは実話に基づいて創作されたものである[1]。

舞台となったのは、一九〇五年一一月にストックホルムに設立された消費協同組合「スヴェンスカ・ヘム（Svenska hem）」が運営していた食料品店で、主人公ダグマルのモデルは、一九〇三年に設立された「全国女性参政権協会」の初代会長を一九〇七年まで務めていたアンナ・ヴィトロック（Anna Whitlock, 1852～1930）だ。彼女はスウェーデンにおける女子教育のパイオニアでもあり、『児童の世紀』で世界に知られる社会批評家エレン・ケイ（Ellen Key, 1849～1926）と一緒に、ストックホルムで女子学校を運営していた人物である。

つまり、この食料品店は、女性の権利が著しく制限されていた時代のスウェーデンにおいて、女性の参政権や教育機会拡大を求めて活動していた人々が、そうした活動の一環として立ちあげたものなのだ。

すでに触れたとおり、ドラマでは当時の実情が正確

(1)　モニカ・ビョルクとエーヴァ・カイセルが二〇〇五年に出版した『スヴェンスカ・ヘム――情熱の商店（*Svenska Hem: en passionerad affär*）』が、このドラマの原作にあたる。この著作は二〇一三年に、タイトルを『スヴェンスカ・ヘム――「ミス・フリーマンの戦争」の真実』［参考文献5］と改訂して再出版されている。

アンナ・ヴィトロック

に描かれているわけではない。だが、スヴェンスカ・ヘムが同業者や卸売業者から執拗な妨害を受けていたこと、女性たちが知恵と力を合わせてそれに立ち向かったことは事実である。ヴィトロックが主導したこの協同組合の試みに賛同し、組合員となった女性の数は約三三〇〇人に達した。当時の消費協同組合としてはスウェーデン最大の規模である。

組合員の出資金一口の金額は二〇クローナとされたが、これは当時としてはかなり大きな金額だ。経済的余裕のない労働者女性も加入できるようにとの配慮から、毎月二クローナずつの分割払いも認められていた。

組合員の名簿には、当時の著名な女性知識人の多くが名を連ねている。ヴィトロックの同志であったエレン・ケイのほか、『ニルスの不思議な旅』の作家セルマ・ラーゲルレーヴ（Selma Lagerlöf, 1858～1940）もいた。そして、同じく作家のアンナ・ブランティン（Anna Branting, 1855～1950）。彼女は、のちに長期政権を樹立して福祉国家建設を推し進めた社会民主主義労働者党（社会民主党）の初期の主導者、ヤルマール・ブランティン（Hjalmar Branting, 1860～1925）の妻でもある。テキスタイル作家のカーリン・ラーション（Karin Larsson, 1859～1928）も加入した。彼女の夫は、スウェーデンの国民的画家、カール・ラーション（Carl Larsson, 1853～1919）である。

さらに、民間福祉団体の連携のために一九〇三年に設立されたソーシャルワーク中央連盟（C

SA）の中心人物であるエミリア・ブルーメ（Emilia Broomé, 1866~1925）や、イギリスで衛生管理を学んだシャスティン・ヘッセルグレン（Kerstin Hesselgren, 1872~1962）も準備段階から参加していた。二人とも女性参政権運動のリーダーで、ヘッセルグレンは一九二一年に誕生した女性初の国会議員の一人である。

店舗責任者として、美術工芸の専門家イーナ・アルメーン（Ina Almén, 1863~1938）も参加し、店内のインテリアや従業員の労働環境整備に尽力した。国内卸売業者がスヴェンスカ・ヘムへの商品提供を拒むなか、国外の卸売業者を訪ね回って契約を締結し、安定した供給ルートを構築したのは彼女である。

また、のちにヘッセルグレンとともに国会議員となったエリサベット・タム（Elisabeth Tamm, 1880~1958）[2]は、自身が経営する農場の生産物をスヴェンスカ・ヘムに直接卸していた。女性の権利獲得を支持していた男性たちの一部も、スヴェンスカ・ヘムの活動を陰で支えたが、

（2）タムは父の跡を継いで一九〇五年に農場経営者となり、一九〇七年からは地元の県議会の議員を務めていた。国会議員に当選した一九二一年には、超党派の女性活動家たちとともに、生家であるフォーイェルスタッド農場に「フォーイェルスタッド女性市民学校（Kvinnliga medborgarskolan vid Fogelstad）」を設立し、成人女性を対象とする短期コースを開講した。一九五四年に閉校するまでの間に、約二〇〇〇人の女性がここで学んでいる。［参考文献8、118~119ページ］

スヴェンスカ・ヘムの店舗（上、1906年、下、1905年〜1910年頃）

スヴェンスカ・ヘムに組合員として加入することが認められたのは女性のみである。ヴィトロックは、女性が主導権を握ることが何よりも重要だと主張し、終始それを譲らなかったという。女性が自分たちだけでやりとげる能力をもっていると示すことこそ、スヴェンスカ・ヘムの使命であると彼女は考えていた〔参考文献5〕。

そのため、店舗で働く従業員やマネージャーも女性に限定された。男性が雇用されたのは、運搬などの力仕事の担当者としてのみである。従業員の給与は同一労働同一賃金の原則に基づいて支払われたうえに、有給休暇や疾病基金が設けられ、従業員も組合員と同様に利益の分配を受けた。当時としては異例の待遇だった〔参考文献27〕。

スヴェンスカ・ヘムは大いに繁盛し、最盛期にはストックホルム市内に六店舗を展開するまでになった。店内のインテリアは、イーナ・アルメーンの指揮のもとで整えられた。壁は明るい色に塗られ、レジの側には新鮮な花を生けた花瓶、順番を待つ客のための椅子も用意されるなど、顧客に対する細かな気配りが行き届いていたという。

当初は主に食料品を販売したが、女性たちの家事の負担を減らすため、まもなく総菜の販売も開始し、掃除機の貸し出しなどもおこなうようになった。さらに、簡単なレシピの配布、料理教室の開講、国内初の消費者雑誌の発行なども手がけ、家事に関する本を集めた小規模な図書館を併設している店舗もあった。総じて、女性目線から、女性たちが求めるものを提供することに徹底的にこだわった店であった。

現在のスウェーデンがジェンダー平等の先進国とみなされていることを思い起こせば、この食料品店が女性の権利をめぐる闘いの舞台の一つでもあったという事実は実に興味深い。当時の女性たちは、政治や教育の領域においてジェンダー不平等な社会への挑戦を続けながら、日常生活に密着した家事の領域でも奮闘していたのだ。

スヴェンスカ・ヘムの遺産

アンナ・ヴィトロックらがスヴェンスカ・ヘムを立ちあげた直接的な理由は、ドラマで描かれたとおり、当時のストックホルムにおける食品流通事情が劣悪だったからだ。市場や商店に並ぶ食品は低品質なうえに価格が高く、含有される添加物によって、とくに子どもたちの体調に異変が生じる事態となっていた。彼女たちはこうした状況を変えるために、信頼できる食品の供給を目指して消費協同組合を設立し、食料品店を開店したのである。

とはいえ、彼女たちの目的はもちろんそれだけではなかった。安全で良質な商品を合理的な価格で提供することは、女性の経済的自立や政治参加を実現するという、女性参政権運動が掲げていた目的にとってこそ重要だったのである。

「まえがき」で述べたように、協同組合の名称であり食料品店の屋号でもあった「スヴェンスカ・ヘム」とは、「スウェーデンの家」を意味する。「スヴェンスカ（スウェーデンの）」という表現には、スウェーデン全体の女性たちを社会階級の区別なく支えるという目標が、「ヘム（家）」には、各家庭に最善の品物を提供するという理念が込められている［参考文献5、33ページ］。家父長制のもとで権利を制限されていた女性たちの解放のために、まずは彼女たちが担う家事を支援する。そのためには、階級の垣根を越えた連帯が必要だと考えられたのだ。

よく知られているとおり、現代のスウェーデン社会では、ジェンダー間の不平等の是正は日本と比べてかなり進んでいる。女性の労働力率(3)は約八五パーセントで、男性の労働力率(4)（約九〇パーセント）とさほど大きな差はないし、男性の育児休暇取得率は九割近くに達している。そして、政治の世界で活躍する女性も多い。

こうした現状をふまえると、スヴェンスカ・ヘムの女性たちの挑戦がその後どのようにして実を結んだのか、その道筋を知りたくなるものだ。とりわけ日常生活に密着した家事の領域における変化については、これまであまり注目されることがなかったが、女性たちの暮らし方を大きく

（3）二〇～六四歳人口に占める労働力人口の割合（二〇一九年）［参考文献47、53ページ］。
（4）高橋美恵子（二〇一八）「スウェーデンにおける仕事と育児の両立支援施策の現状」労働政策研究・研修機構編『ビジネス・レーバー・トレンド』二〇一八年一〇月号、二七ページ。

変えるものだったにちがいない。

実際のところ、スヴェンスカ・ヘムの活動自体はさほど長くは続かず、女性参政権の実現を目前にして一九一六年に幕を閉じているのだが、先駆的な取り組みとは概してそういうものだろう。その後のスウェーデン社会の変化は、彼女たちの目指した方向に向かって進んだといってよい。一九二一年には女性参政権が実現し、さらにその二〇年後にはスヴェンスカ・ヘムと類似した取り組みが国家的規模で展開されるようになり、やがて女性が家庭外で活躍することが当たり前とみなされる社会ができあがったのだ。

ただし、女性参政権の実現が女性の生き方の変化にダイレクトに結び付いたわけではない。家父長制的な性別役割分業はなかなか変化しなかった。むしろ、共働きが当たり前だった労働者の家庭においても「女性の居場所は家庭」という見方が強化され、一九三〇年代には既婚女性の約九割が専業主婦になっていた。スウェーデン国内では、一九三〇年代から一九五〇年代は「専業主婦の時代」と呼ばれている。

他方で注目されるのは、一九五〇年代後半から専業主婦の割合が一気に減少したことだ（**図1**）。この減り方はあまりにも急激である。

一九六〇年代以降のスウェーデン統計局による人口統計では、それまで使用されていた「主婦」という区分が消滅し、労働力調査においては賃金労働に就いていない既婚女性が「失業者」とし

図１　スウェーデンにおける専業主婦数と既婚女性に占める割合の推移

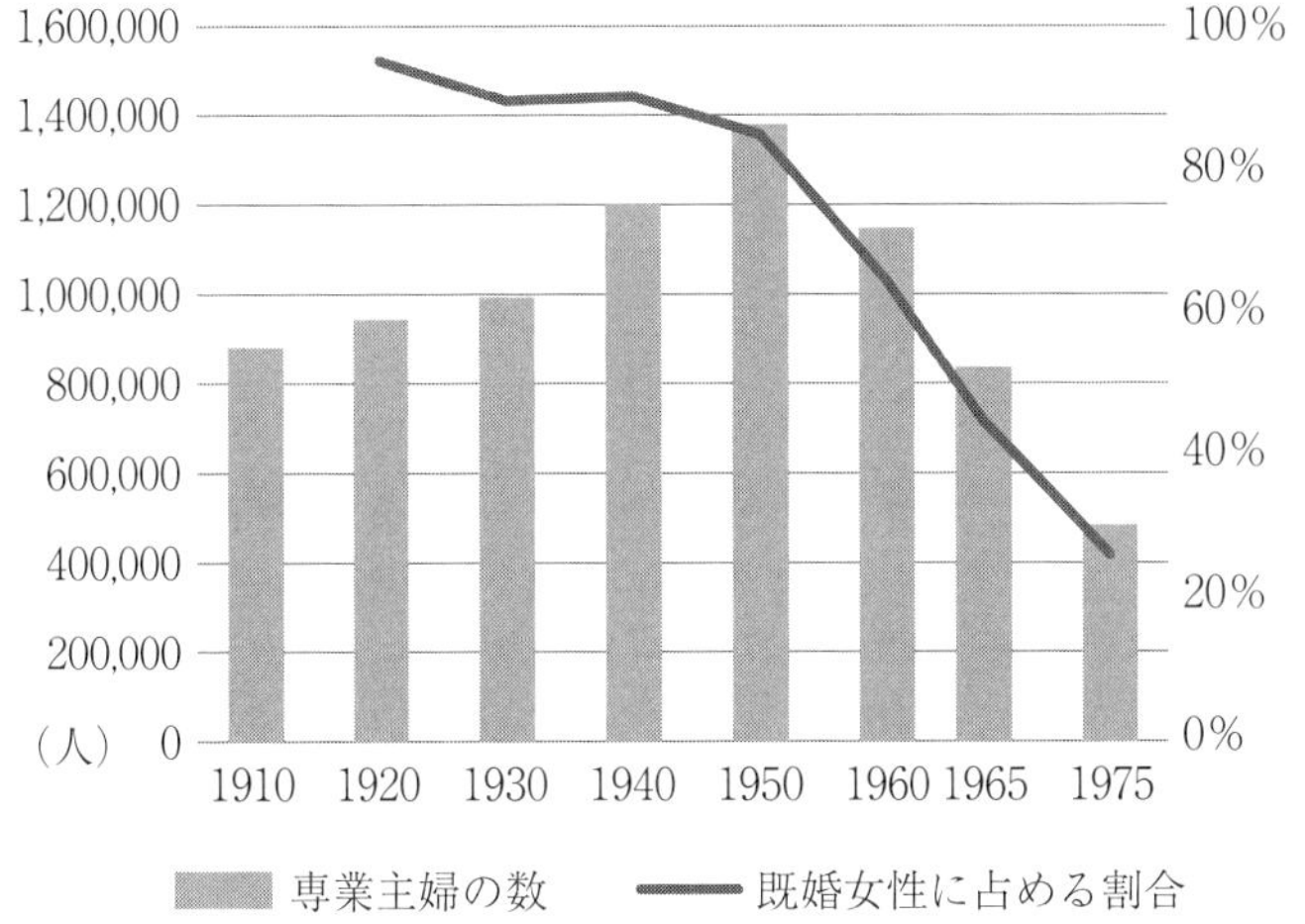

スウェーデン統計局（SCB）による1920年から1960年までの人口統計、スウェーデン統計年鑑（1970年、1976年）、およびAxelsson［1992］21～22ページより筆者作成。

てカウントされることになった。現在のスウェーデンでは、専業主婦に相当する既婚女性は全体の二パーセントほどにすぎず、「専業主婦」はほぼ消滅したと認識されている。(5)

現代スウェーデン社会のジェンダー平等は、一九六〇年代以降の制度改革によって導かれたものとする見方が通説となっている。つまり、高度経済成長期の労働力不足を解消するために女性の労働市場参加が促進され、それに伴って自治体による保育や介護といっ

(5)「消えた専業主婦」という表現は、スウェーデンの社会学者クリスティーナ・アクセルソンの著書（博士論文）のタイトルになっている［参考文献3］。

た社会サービスが拡大し、そこでの働き手として、さらに多くの女性が労働市場に引き込まれた。以後、職場における処遇の男女差の是正が進むとともに、夫婦分離課税制（個人課税制）が導入されて、女性の経済的自立が実感されるようになった。所得保障付きの両親育児休業制度も拡充され、男女が同等に家事や育児を分担することが自明の規範として定着するに至った、という流れである。

スウェーデンが福祉国家を形成していく過程において女性が果たす社会的役割への期待が高まり、それが政策に反映されてきたという説明は確かにわかりやすい。だが、制度が改革されれば女性の自立が果たされる、という図式はいささか単純すぎる。

どうしても気になってしまうのは、当の女性たちはこうした事態をどのように受け止めたのかということだ。女性たちのアイデンティティのあり方はジェンダー平等の達成について考える際の重要な論点の一つだが、右記のような通説的な理解では、この点がうまくつかめない。

一九世紀の終わりまでは、人口の大部分が農村で農業に従事していた。女性たちは農作業の一部を担いながら家事を一手に引き受け、過酷な二重労働に日々疲れ切っていたことだろう。農業人口が減少し、多くの労働者が近代産業のもとで働くようになった二〇世紀前半に専業主婦の割合が急増したのは、家庭外での労働から解放されたいと願い、中産階級の「良妻賢母」的な女性像を理想とした女性が少なからず存在していたということかもしれない。

他方で、家庭内で主婦としての役割を果たすだけでは心が満たされない女性も、徐々に増えていったかもしれない。アメリカでは一九六三年にジャーナリストのベティ・フリーダン（Betty Friedan, 1921～2006）が主婦のこうした心情を看破し(6)、第二派フェミニズムの幕を開いた。スウェーデンにおける専業主婦の急減も、これと重なる現象として理解してよいのだろうか。

おそらく、事態はもう少し複雑である。女性たちは政府が求めるままに自らの生き方を決めていたわけではないし、家事や育児の担い手という家庭内での役割と、家庭外での自己実現の可能性の狭間で葛藤を抱えていた。社会が課す制約に向き合う女性たちの姿を見ないままで、スウェーデンにおけるジェンダー平等の道のりを理解することはできないだろう。「専業主婦の時代」の始まりと終わりを、女性たち自身はどのように経験し、どのように生き方を模索したのだろうか。

こうした問いを念頭に置きながら、本書では、食料品店スヴェンスカ・ヘムの挑戦を出発点として、ジェンダー平等にはほど遠い状況にあった時代のスウェーデン社会における女性たちの奮闘を、日常生活の目線から描いてみたいと思う。つまり、二〇世紀前半の女性たちの家事をめぐる取り組みを、女性たちの生活実態と意識のありように注目しながら検証していきたい。

（6）ベティ・フリーダン（一九六三＝一九六五）『新しい女性の創造』三浦冨美子訳、大和書房。

そもそも、当時の女性たちはどのように暮らし、そこでどのような思いを抱えていたのだろうか。急速に近代化が進み、社会環境が大きく変化していくなかで、どのようにそれらに対処し、どのように人生を組み立てようとしていたのだろうか。そして、女性たちの暮らしの改善を目指したスヴェンスカ・ヘムは、結果として何を成しえたのだろうか。こうしたことを、女性たちが書き残した手記や回想録、運動の記録などを手がかりとしながら、時代の流れに沿って見ていくことにする。

本章に続く第2章では、スヴェンスカ・ヘム設立の直接の契機となった当時の食料事情と消費のあり方、家庭内外での女性たちの働きぶりを概観することからはじめたい。第3章では、一九世紀末から二〇世紀初頭にかけての社会の変化に、女性たちがどのように対処してきたのかを確認する。

第4章では、二〇世紀初頭に展開された消費と家事をめぐる女性たちの運動を概観し、日々の労働負担を軽くするための創意工夫の様相と、そのなかで共有されていた思いを見ていきたい。第5章では、専業主婦急増の背景にあった社会情勢を整理したうえで、「専業主婦の時代」の女性たちがそれにどう向き合っていたのかを探る。この時期の生活環境の変化は目覚ましかった。そして、そのなかで、新たな生き方を模索する女性たちが、実にパワフルに各種の活動に取り組んでいたのである。

さらに第6章では、専業主婦が激減していった時代の女性たちの意識と生活実態をひもときながら、「専業主婦の時代」が社会に残した刻印を探りたい。

ところで、読者のみなさんは読みはじめてすぐに気づくと思うが、本書が描く一九世紀末から二〇世紀前半の女性をめぐる状況は、必ずしもこの国だけに見られたものではない。欧米諸国の多くには類似の出来事や運動が存在したし、日本においてもある程度はあった。(7) とりわけ当時の女性の社会的位置づけについては、日本とスウェーデンの間に大きな違いがあったわけではない。

(7)　たとえば、一九世紀以降のアメリカにおける家政学の発展や家事技術の開発、それに伴う主婦の増加については、ルース・シュウォーツ・コーワン［一九八三＝二〇一〇］『お母さんは忙しくなるばかり―家事労働とテクノロジーの社会史』（高橋雄造訳、法政大学出版局）、原克［二〇〇九］『アップルパイ神話の時代――アメリカモダンな主婦の誕生』（岩波書店）、ドロレス・ハイデン［一九八一＝一九八五］『家事大革命』（野口美智子他訳、勁草書房）などで詳しく論じられている。ドイツについては、ジークフリート・ギーディオン［一九六九＝一九七七］『機械化の文化史―ものいわぬものの歴史』（榮久庵祥二訳、鹿島出版会）における家事の機械化についての分析、キッチンに焦点化しつつ家事労働の変容を論じた藤原辰史［二〇一二／二〇一六］『ナチスのキッチン』（決定版）共和国）や、一九二〇年代以降のドイツ合理化運動を扱った研究群があり、日本の状況については、専業主婦への志向が形成されていった過程を一九世紀末から二〇世紀前半にかけての女性雑誌や生活改善運動の展開から分析した小山静子［一九九九］『家庭の成立と女性の国民化』（勁草書房）などがある。柏木博［一九九五／二〇一五］『家事の政治学』（岩波現代文庫）では、各国の動向を視野に入れたうえで近代社会における家事労働の位置づけとその変遷が分析されている。

目を向けたいのはむしろ、ジェンダー平等の先進国とみなされているスウェーデンは、実際にはそれほど特異な道を辿ってきたわけではないということだ。そのうえで、違いはどこにあったのかを探りたいのである。

世界経済フォーラムが毎年発表している「ジェンダーギャップ指数」は、経済・教育・健康・政治の四つの領域に見られる男女格差を国別にスコア化したものだが、スウェーデンは初回の二〇〇六年にトップを飾って以来、常に上位五か国以内に入っている。これに対して日本の順位は当初から低く、二〇二二年度は一四六か国のなかで一一六位だった。とくに、経済と政治の領域におけるスコアがきわめて低い。日本とスウェーデンの歴史的な分岐点は、どこにあったのだろうか。

よく言われるように、他国の制度を見てよいところを取り入れようとしても、たいていの場合うまくいかない。制度の背景にある相違を見きわめることが難しいからだ。そうであれば、歴史をさかのぼって社会全体を見わたしながら、背景にあるものをできるだけ広く視野に収めたうえで現在の制度を見るべきだろう。

本書は、そのささやかな試みの一つとして、女性たちが生きた日常生活の経験を軸に、約半世紀にわたるスウェーデン近代女性史を見ようとするものである。

第2章

暮らしと家事

お粥とミートボール

スウェーデンはさまざまな面で世界から注目を集める国だが、料理においてはこれといって目立つものがない。世界各地に家具販売店の「イケア（IKEA）」が進出してからは、イケアレストランの看板メニューである「スウェーデンミートボール」が知られるようになったが、肉団子は世界中に見られる料理で、スウェーデン的な特徴としては、リンゴンベリー（コケモモ）のジャムを添えることくらいである。とはいえ、「スウェーデンの国民食」と呼べるものの筆頭がミートボールであることはまちがいない。

ただし、ミートボールが多くの家庭で食されるようになったのは二〇世紀前半のことで、厳密には伝統的家庭料理というほどの歴史があるわけではない。スウェーデンの家庭料理は「ヒュースマンスコスト（husmanskost）」と総称され、ミートボールのほか、ソーセージ、ステーキ、牛肉の煮込み、塩漬け鱈、肉のクリーム煮、根菜のマッシュ、ピッティパンナ（賽の目に切った根菜と肉の炒めもの）、ジャガイモのパンケーキなどがあるが、その多くは一九世紀後半以降に登場したもので、都市で働く貧しい労働者の食卓にこれらが上るようになったのは二〇世紀に入ってしばらく経ってからである。

北欧における古くからの伝統食といえば、主に朝食や夜食として食された各種のお粥である。小麦、ライ麦、オーツ麦、米などの粉に牛乳を混ぜてつくるのが一般的だが、牛乳の代わりにアルコール度数二パーセントほどの発酵麦芽飲料（ビールの一種）を合わせてつくったお粥もよく食された。

いまでは食卓に欠かせないジャガイモも、多く食されるようになったのは一九世紀半ば以降のことで、それまでは、より保存が容易な豆のほうが一般的だった。肉といえば塩漬けの牛肉で、豚肉はあまり出回っていなかった。牛乳はよく飲まれていたが、卵はさほど使用されておらず、パンケーキも卵を使わずにつくられていたようだ。一八三〇年代の首都ストックホルムにおける職人家庭の様子を描写した記録によれば、当時の食事は次のようなものだったという。

朝食は九時に食べた。親方の家族のための朝食は、サイドボードのコーナー部分に用意された。〔温かい料理はなく〕乾燥食品のみだった。見習いたちには、固いパンとペストリー、何かしらのおかずが与えられた。（中略）昼食は一時。二皿からなる食事で、たいていはスープと何かしらの乳製品だった。（中略）午後はいつも四時にコーヒーと焼き菓子、八時に夜食。たいていはお粥で、ときどきはオーツ麦、そうでなければ小麦粉のお粥だった。九時には床に就いた〔参考文献15、72ページ〕。

一日の食事の中心は昼食で、温かい料理が出されたが、野菜や穀物と肉を煮込んだスープ、豆のスープ、マッシュした豆を添えた塩漬けニシンなどが多かったようである。食事の際には、発酵麦芽飲料を合わせて飲むことが多かった。

一八九〇年代の鍛冶職人の日常的な食事については、次のような記録が残っている。一九世紀前半に比べれば食事のバリエーションが豊かになり、量も増えていることがうかがえる。

私の父は五時四五分に仕事に行く。そのとき父はコーヒー一杯と白パンを一～二枚食べる。父はよく、コーヒーカップにティースプーン一杯のバターを入れていた。

朝食は九時半から一〇時。たいていは茹でたニシンとジャガイモ、あるいは焼いた豚肉と焼きジャガイモに、パン、バター、コーヒー、麦芽飲料。

昼食は一時から三時。いつも二皿で、豚肉のソーセージと根菜のマッシュ、牛肉のソーセージとジャガイモのパンケーキなどに、何らかのスープ（麦芽飲料入りのお粥、米粉のお粥、小麦粉と卵のお粥、エッグミルク、果物スープなど）。

四時半にコーヒーとパン。

夜食は七時半で、たいていは茹でた塩漬けニシンとジャガイモ、そしてお粥とミルクだった。［参考文献15、80ページ］

ただし、当時の都市部でこうした食生活を送っていたのは比較的安定した収入を得ていた家庭で、より貧しい工場労働者の家庭では、新鮮な肉やソーセージ、バターはめったに食卓に上らず、安価な塩漬け肉かニシンがせいぜいだった。都市部では、前日に売れ残った古いパンや肉を安く手に入れるために早朝から家族で手分けして店に行き、交渉するという家庭も少なくなかったという。

また、若い未婚の労働者は男女を問わず、一日三食をパンとバター、または質素な保存食のみですませていたという。

食事時になると、広場にサンドイッチやソーセージなどを売る屋台が出て、朝食や昼食を比較的安価に賄えた。若い男性労働者はときどき安レストランで温かい食事をとって栄養を補給していたが、女性労働者がそれをするのは難しかった。若い女性が店で食事をするのは適切でないとみなされていたからだ。

既婚の女性労働者も、家庭で調理をせずにサンドイッチや菓子パンなどで家族の食事を済ませることが少なくなかった。下層労働者階級の家庭でも安定して温かい食事がとられるようになったのは、第一次世界大戦が終わり、生活水準が向上しはじめた一九二〇年頃のことである。その後、ミートボールが家庭料理として定着し、各家庭の「母の味」となっていった。

安全でない食品

都市労働者の食生活がこのような状態だったのは、給与水準が低く、家計に余裕がなかったことだけが理由ではない。都市部は深刻な住宅不足で、間に合わせで造られた簡素なアパートにはキッチンがないというのも珍しくなかった。比較的設備の整ったアパートであっても、キッチンのスペースにほかの労働者を下宿させたりしているケースが多かったため、そもそも家庭内で十分な調理ができなかったのである。それゆえに、外で安く買える食べものに頼らざるをえない家庭が多かった。

その一方で、食品の供給システムにもきわめて大きな問題があった。

スウェーデンでは中世以来、都市の手工業者が同業者組合である「ギルド」を組織して販売権を独占していたが、自由な競争を求める機運が高まった一八三〇年代以降、その閉鎖性や特権への批判が強まり、一八四六年に制定された「工場および手工業令」に基づいてギルド制は廃止され、一八六四年には「営業の自由令」によって営業規制も撤廃された。これら二つの法令によって食品業界にも誰もが自由に参入できるようになり、その結果として、食品の生産・販売を取り巻く環境が大きく変化したのである。

具体的には、食品業界に商機を見いだした人々が新たに食品の生産・販売に乗り出し、行きすぎた利益追求が偽造や詐欺の横行や品質劣化を招くことになった。小麦粉や砂糖、コーヒーや紅茶、牛乳やバターに混ぜ物をして嵩《かさ》を増したり、古い肉やソーセージを新鮮に見せるために着色料や添加物を加えたりといったことが頻繁におこなわれるようになった。

また、職がなく貧困に苦しんでいた人々が、手近な設備を使って加工・調理した食品の販売をはじめることも少なくなかった。その結果、不衛生な環境のもとで不適切な材料や製法によって食品が製造されたり、品質に見合わない価格で販売されたりすることが頻発した。かつては同業者組合が自主的に品質管理をおこなっていたのだが、ギルド制の廃止後、政府も自治体も食品安全管理のための仕組みをすぐには整えていなかったのだ。

食品はたいてい市内の主要な広場で売られていたが、雨

1870年代のストックホルム市ヒェートリエット広場

風や埃を避ける手段はほとんどなく、多くの食品が簡素な台に載せられ、あるいは石畳に直接敷いた布などの上に置かれて売られていた。広場の一角では屠殺もおこなわれ、血や内臓、肉くずなどが散らばっていた。狭い通路には客がひしめきあい、農村から生産物を運んできた馬もいて、糞にハエがたかっていたりもしたという［参考文献15］。

腐敗した肉や細菌に汚染された牛乳が売られることも珍しくなかった。衛生管理が行き届かなかったために、貧困層の子どもたちのなかには健康を害する者が続出した。テレビドラマ『ミス・フリーマンの戦争』の第一話では、まさしくこうした二〇世紀初頭の食品市場の様子がリアルに再現され、淀んだ空気のなかで不衛生な食料品を買うしかない人々の追い詰められた姿が描き出されている。

昔ながらの対面式の小売店も、衛生管理が行き届

広場で肉を売る女性（1900年〜1901年頃）

かないところが多かった。加えて、当時のスウェーデンの小売店では、「つけ払い」での商品購入が常態化しており、貧しい消費者は支払いを先延ばしにしてくれる商店に対して立場が弱く、低品質の商品を割高な価格で購入させられることが少なくなかった。総じて、食品供給のあり方は適正にはほど遠く、食の安全性に対する信頼も著しく低下していたのである。

こうした状況に対抗するために、一九世紀末から労働運動と連携した消費協同組合が各地に設立され、独自の店舗を運営するようになっていた。一八九九年には、全国にあった四二の協同組合が結集し、中央組織として「全国消費協同組合連合（Kooperativa förbundet：KF）」が設立されている。スヴェンスカ・ヘムの女性たちがストックホルムで食料品店を開店したのも、信頼できる安全な食品供給が喫緊の課題であると判断したからだった。

農村の食卓

では、農村部ではどのような状況だったのだろうか。もちろん、地域によって食料供給や食生活のありようは異なっていたはずだが、概して新鮮な食材を使った食事が都市部よりも普及していたと考えられる。

農園で働く両親のもとに生まれたある女性の回想録には、一九世紀末から二〇世紀初頭にかけての農業労働者の暮らしぶりが詳しく描かれている［参考文献34］。これによれば、飢饉の年以外は食料が不足することはなく、貧しい農業労働者の家族であっても食卓はそれなりに充実していたようだ。ただし、女性たちの日々の労働は過酷だった。以下、この回想録に基づいて、当時の農村家庭の食料事情と日々の労働の様子を見てみよう。

回想録の著者アルマは一八九〇年に生まれた。彼女の父は一八六〇年生まれ、母は一八六四年生まれで、首都ストックホルムからさほど離れていないヴェストマンランド地方の出身である。若い頃の父は地主の屋敷で下男として働き、母は同じ家で女中をしていた。二人は一八八四年夏に結婚し、同年の秋に別の農園に移って働きはじめた。

一九世紀のスウェーデンの農村には、農園の所有者である地主、地主から農地を借り受けて耕作する小作人、地主に雇われて農園で働く農業労働者がいた。小作人はスウェーデン語で「トルパレ（torpare）」、農業労働者は「スタータレ（statare）」と呼ばれる。アルマの父は農園でスタータレになった。

トルパレもスタータレも貧しい暮らしを強いられていたが、トルパレの耕作地は長期にわたって借り受けられたものである一方、一年ごとに農園主と労働契約を結ぶスタータレの生活は、より過酷であったといわれている。

スタータレの家族は、農園主が提供する粗末な長屋の一部屋、あるいは小さな小屋に住み、わ

ずかな現金と食料などの現物を給与として受け取りながら、家族ぐるみで農園の仕事に従事した。(1)

アルマの回想録には、一家の収入、日々の労働、食卓の様子などが詳しく描写されている。

住まいは竈《かまど》のある一部屋だけの簡素な小屋で、家具はベッドが一台と長椅子が一台、食卓と椅子のみ。当時の多くの労働者家庭と同じく、アルマの家族も子だくさんで、彼女には六人のき

(1)　スタータレの雇用契約は毎年一一月一日に始まり、翌年の一〇月二四日に終わる。一〇月二四日は、スタータレの家族が次に働く農園に向けて移動をはじめる日で、一一月一日までの一週間は「移動週間」と呼ばれた。スタータレは、夏に各地で開かれる「労働者市場」で次の雇用主を探す。農村の若者が女中や下男の職を探すのもここだった。なお、一九三五年の法改正でスタータレは廃止されている。

ヴェストマンランド地方の労働者市場。翌年の職場を探す人々が雇用主と交渉する様子（1865年の油彩画）

ょうだいがいた。子どもたちは拡張式の長椅子をベッドとして使い、数人が頭と足を互い違いにして並んで寝た。幼い子どもは床に置かれたゆりかごに寝ていた。椅子の数も足りないので、子どもたちは立ったまま食事をした。

一八九七年頃の父の給与は年間一八〇クローナで、これだけで生計を立てるにはまったくと言っていいほど足りない額であったが、そのほかにさまざまな食料が現物支給されていた。アルマが記憶しているかぎりでは、ライ麦三〇〇キロ、小麦一〇〇キロ、オーツ麦一〇〇キロ、豆五〇キロ、トウモロコシ粉五〇キロ、ニシンの酢漬け一樽、クリスマス用の干しダラ一束、牛乳が毎日数リットルなどである。

父と母は農園で豚の世話をしていたため、毎年一〜二頭の豚も与えられた。豚の半分は販売して、現金収入の足しにしていたという。農園主からは、竈《かまど》で使う薪も支給されていた。

そのほか、小屋の裏庭に造った自家菜園では、ジャガイモ、ニンジンなどの根菜を育てていた。庭には果樹も植えられており、果実はさほどおいしくなかったが、秋になると乾燥させてドライフルーツをつくったという。庭では、食用のウサギも飼育していた。

森では、ベリーやキノコを摘んだ。高価なアンズタケやスムルトロン（ワイルドストロベリー）を見つけたときは、鉄道駅のレストランに持っていき、油脂や肉料理と交換したという。こうして手に入れる油脂は日々の料理の必需品で、ジャガイモをソテーしたり、パンケーキを焼いたり、風味豊かなソースをつくったりする際に使っていた。

地主の屋敷の大きなキッチンでは、農園で働くトルパレやスタータレの妻たちが、定期的に共同でパンを焼いた。総じて、「私たちは飢えからはほど遠かった」とアルマは回想している。

一家の食事は昼食がメインで、朝食はたいてい前日の残りものだった。学校に行く子どもたちが持っていく弁当は、茹でたジャガイモやトウモロコシ粉のプディングに、豚肉のごく小さな一切れを添えたもの、豚の血でつくったパンケーキなどである。昼食には、根菜と肉を大鍋で煮込んだシチューが出されることが多かった。

ほかには、タマネギのソースを添えた豚肉や、ジャガイモ、ニンジン、西洋カブなどの根菜のマッシュ、豆のスープ、ニシンの酢漬けとジャガイモなどがよく食卓に上ったという。日曜日にはウサギのステーキと、森で摘んだローズヒップのスープなどが出された。

寝る前に食べる夜食は、軽めのものが多かったようだ。昼食にニシンの酢漬けを食べた日は、付け合わせのジャガイモの残りでつくったお粥が夕食になる。豚肉とタマネギソースの日の夜は、牛乳と小麦粉にビールを混ぜて生姜と砂糖で味付けしたお粥が定番だった。豆の粉でつくったダンプリングは、子どもたちが大好きなメニューで、茹であがったそばから食べたという。

オーブンで焼いたパンケーキも、一家の日常食だった。森で摘んだベリー類はジャムやコンフィチュールにしたり、煮詰めたものを水や牛乳で希釈して飲んでいた。

このように、アルマの回想録によれば、当時もっとも貧しいとされていた農業労働者の家庭でさえ、日々の食卓は結構充実していたようである。新鮮な食材が容易に入手できたという点で、都市部よりはずっとよい状況だったといえるだろう。

家事と農作業

他方、こうした食事の支度をはじめ、家事と農園の仕事の両方をこなさなければならない母親の労働は相当に過酷なものであった。

スタータレの家族には、農園が夫に割り当てた仕事とは別に、妻が担当する仕事もかなりある。アルマの父が農園主と結んだ労働契約には、「妻はあらゆる作業に参加すること(2)」と明記されていた。そのうえ、家事や育児、自家菜園の世話などを一手に担っていたのである。

アルマの母の一日は、父が起きて仕事にでかける朝四時よりも少し前にはじまる。起床すると、まず竈《かまど》に火をおこし、夫のために朝のコーヒーを沸かす（この時代の北欧では、コーヒーはやかんで煮出してつくられていた）。それから窓を開けて換気し、部屋を整える。五時にはその日最初の牛乳絞りに出かけるが、それまでに、朝食と子どもたちが学校に持っていく弁当の準備を済ませておかねばならない。

農園に十数頭いる牛の乳絞りを終えて母が帰宅すると、家族で朝食をとる。食べ終わって父が仕事に戻り、子どもたちが学校に出発すると（学校までは片道一時間ほどの長い道のりであった）、母は農園や地主の屋敷での仕事に駆り出される。

昼近くになるといったん帰宅し、昼食の準備をする。父は一二時に帰宅して食事をとり、

（2）かつては男性も、脱穀や粉挽き、生活道具の製作などの家事を日常的におこなっていたのだが、この時代にはすでにそれらは外部化され、男性たちが担う家事労働はかなり縮小されていた。その過程については、ルース・シュウォーツ・コーワン［一九八三＝二〇一〇］『お母さんは忙しくなるばかり――家事労働とテクノロジーの社会史』（高橋雄造訳、法政大学出版局）が、アメリカ社会における家事の変遷に即して論じている。

カトリネホルム市郊外のユリータ農場で働くスタータレとその妻たち（1910年頃）

午後の仕事がはじまる一三時半までは昼寝をして身体を休めたが、父が休息をとっているあいだ、母は食器を洗い、床を掃除し、豚に餌をやる。そのあと、父も母も午前中の仕事の続きのために出かける。一六時頃になると夕方の乳搾り。乳搾りの仕事に対しては、月四～五クローナの賃金が支払われた。

農園での仕事は過酷な肉体労働で、休みはほとんどない。アルマの母は、子どもを出産したその日も、夕方には牛乳絞りに出かけた。出産直後に農園主から、干し草づくりへの参加を強要されたこともあったという。

スタータレの妻が担った仕事とは、夏のあいだは干し草づくり、ジャガイモの植え付け、カブの間引き、穀物の刈入れ、家畜の慣らし、羊の毛刈り、屠殺の補助など、男たちの通常の労働からはみ出る部分の農作業全般で、春と秋には屋敷の厨房での大規模なパン焼きや洗濯作業などをおこなっていた。

こうした労働には、わずかな賃金が支払われていた。アルマによれば、母の日給は〇・六クローナで、父が同様の労働に駆り出される場合は一クローナであった。多くの農園において、これが男女の標準的な額であったという。

さらに、父が豚小屋の管理を任されていた期間は、二〇数頭の豚の餌の運搬や藁の入れ替えなども母の仕事になった。父が牛小屋の担当になると、母は乳絞りに加えて、ミルク缶の洗浄、搾乳用のバケツや漉《こ》し器の管理などをしなければならなかった。一日数回、森の湧き水を汲みに行くという重労働も女性の仕事だった。

母親が外でこうした仕事をしているあいだ、幼い子どもたちの面倒は年長の娘が見ることになっていた。年長の子どもがいない場合は、同じ農園で働くスタータレやトルパレの妻や娘に依頼する。労働者の家庭はどこも子だくさんで、就学年齢の子どもたちは普段から家族のための水汲みや薪運び、自家菜園の世話などを担い、学校が休みのあいだは農園の仕事を手伝っていた。

冬季は、スタータレの妻が外で労働する時間は少なくなる。朝晩の牛乳絞りは休めなかったが、そのほかの日雇い仕事がかなり減るので、家事に時間を割くことができた。この時期にやるべきことは、羊毛を梳《す》いて糸を紡ぐ作業や、織物、編み物、裁縫などである。

アルマの家では、家族の衣類はすべて母がつくっていた。毎年クリスマスが終わると、狭い小屋の中に織機《しょっき》が運び込まれる。布を織って洋服を仕立て、羊毛刈りの作業の際にもらいうけたウールを糸に紡いで、セーターや靴下を編んだ。品質が悪くて良い値段がつかないウールは、労働者が持ち帰ることが許されていたのだ。だから、スタータレの家族の靴下はごわごわしていて、学校でもすぐにそれとわかったという。

これらをうまくやりこなすには、相当なスキルと芸術的センスが必要とされただろう、とアルマは回想している。母は学校教育をほとんど受けていなかったので、自らの母親や周りの女性たちの仕事を見ながら、手探りで覚えたのだ。

家庭の中でも外でも、女性たちの仕事は果てしなく続く。アルマの母親は一九二〇年代の終わりに六五歳で亡くなったが、六〇歳まで牛乳絞りの仕事をしていたという。貧困のなかで労働に追われ、ほとんど休むことのない人生だった。

ところで、この時代、女子は小学校（国民学校）を卒業するとしばらく家にとどまって子守りや母親の手伝いをし、その後は別の農園やトルパレの家に住み込みの女中として奉公に出るというのが一般的だった。アルマ自身は一一歳で農家の女中となり、以後は各地を転々としながら女中の仕事を続けた。これはこの時代のごく一般的な進路で、当時を回想して書かれた女性による手記には、女中としての過酷な労働の様子を記録したものが多い。

スウェーデン南東部のバルト海に面したブレーキンゲ地方で一八九〇年に生まれたアメリーは、一二歳で農家に女中として雇われ、日々の料理、パン焼き、バターづくり、床磨き、洗濯などのほか、牛乳搾りやジャガイモの収穫などをしたという。当初の給与は年間四五クローナ。家事はどれも重労働で、休日はほとんどなく、勝手のわからない幼い少女には、身体的にも精神的にも過酷なものだった［参考文献41］。

多くの場合、やがて出会って結婚することになる相手は似たような境遇に生まれた男性で、若いうちは農家で下男として働き、やがてスタータレになるか、村を離れて工場労働者になるかで

ストックホルムの野外博物館「スカンセン」に復元展示されている
19世紀末のスタータレの長屋の内部

ある。いずれにしても、結婚すれば母親と同じような生活が待っている。それが嫌なら、都市に出て、長く働ける仕事を探すしかない。農村の貧しい家庭に生まれた女性にとって、これ以外の選択肢はほとんどなかった。

製鉄所の主婦

ところで、一九世紀末には都市部以外にも工場が増え、そこで働く労働者も増えていた。とくに目立ったのが、地方の製鉄所で働く人々の急増である。

スウェーデンでは古くから鉄鋼石の産出が盛んで、一七世紀からは製鉄業が発展していたが、一九世紀半ば以降、工業化の進展による鉄鋼需要の急増と工法の近代化によって、いくつかの地域には大規模な製鉄プラントが建設され、多くの労働者を集めるようになっていた。

製鉄の過程で膨大な量の水を使用するほか、輸送のためにも水運は重要であるため、川に面した広大な敷地にいくつもの設備が並んでいた。その周囲には労働者住宅が建ち並び、従業員家族の生活に必要な商店や病院、学校なども造られた。

製鉄所で働く男性と結婚した女性は、スタータレの妻のように農園での労働に駆り出されることはない。生活環境は農村よりも便利に整えられていた。だが、労働者の給与は低く抑えられ、夫の収入だけで暮らすことは難しかった。そのため、妻が畑で自家用の野菜を育てたり家畜を飼ったりして、暮らしの足しにしていた。ここでも、女性が家事と農作業の二重労働を担うのは普通のことであった。

だが、やがて労働組合が組織され、労働者の給与が徐々に増えていくと、以前とは異なる生活スタイルが見られるようになっていく。たとえば、製鉄所労働者の妻となった一八九二年生まれのイネスの回想録からは、一九世紀末のスタータレとよく似た厳しい生活状況から、徐々に余裕のある暮らしが実現していった過程がうかがえる［参考文献56］。

生後まもなく父親を亡くしたイネスは、母の再婚相手がスウェーデン中部ダーラナ地方にある製鉄所で働いていたため、幼い頃に製鉄所の近

スウェーデン中部ダーラナ地方のドムナルヴェット製鉄所とその周辺。川を挟んで工場と労働者住宅が建ち並んでいる（1931年の航空写真）

くに引っ越した。継父は製鉄所から四〇キロほど離れた農村の出身で、はっきりとは書かれていないが、おそらく貧しい農業労働者の家庭に生まれ、職を求めて製鉄所に来たのであろう。ちなみに、イネスのきょうだいは三人で、当時としてはかなり少ない。

多くの場合、子どもの数が少なければ家計に余裕があるものだが、彼女の家庭はきわめて貧しく、現金はいつも不足していたという。母は家計をやり繰りして食事を用意してくれていたが、たいていの場合、昼食はニシンとジャガイモ、ビーツなど、もっとも安価で質素なものだった。とはいえ、時々は豚肉が料理されることもあったという。

彼女は製鉄所労働者の子どもたちが通う小学校に六年間通い、一九〇五年に一三歳で卒業して堅信礼を受けると、遠方にある親戚の農家に預けられ、そこで二年間ほど農業の手伝いをした。その後はいったん家族のもとに戻ったが、まもなく、製鉄所に隣接する街の仕立屋に女中として雇われた。そこでの仕事は家事と子守で、休める時間がほとんどないことがつらかった、と書き記している。このとき彼女は一五歳だった。

あるとき友人が、ダーラナ地方の中心都市、ファールン市のホテルの求人広告を持って彼女を訪ねてきた。仕立屋の店には、当時としてはきわめて珍しい電話があったので、彼女たちはこっそり電話を使い、ホテルに電話をかけて自分たちを売り込んだ。ホテルでの仕事に求められる経験はまったくなかったが、運よく採用され、すぐに仕立屋の女中を辞めてファールンのホテルで住み込みの仕事をはじめた。

当初は皿洗いと食器の手入れが担当だったが、まもなく客室係に抜擢され、レストランでの給仕もおこなうようになった。給与は月二〇クローナ。先ほど見た農家の女中よりは多いが、余裕のある暮らしができるような額ではない。だが、ホテルの仕事は毎日楽しく、とても気に入っていたという。当時一六歳だった。

やがてホテルに客としてやって来た製鉄所労働者の男性と出会い、一年ほど交際して結婚した。仕事は気に入っていたので辞めたくはなかったが、当時は結婚するなら仕事は辞めるというのが当たり前だった。一八歳で結婚したが、周囲の友人たちもこれくらいの年齢で結婚していたので、特段早すぎるとは思わなかったという。彼女は次のように書いている。

結婚して娘を産んでからは、私はずっと家にいました。家では縫いものをしたりして、自分の子どもたちの服はすべて自分で縫いました。（中略）夫が求めることをする、それだけでした。あの頃は、妻はあらゆることをしたのです。夫が先に起きるなんてことは、決してありませんでした。夫が起きたときには、妻はすでに起きていてコーヒーを沸かし、サンドイッチが準備されていなければならなかったのです。それは男性がすることではありませんでした。少なくとも、私の夫は決してしなかった。

彼はサンドイッチと銅製のポットに入れたコーヒーを職場に持っていき、職場のコンロで温めて飲みました。そのあとの食事は、帰宅して家で食べました。朝六時前に家を出る日は、昼の一二時前に帰宅するので、その時間までには食事を完成させておく必要がありました。

［参考文献56、82〜83ページ］

これは一九一〇年頃についての記述だが、のちに主流となった専業主婦の生活とあまり変わらない。夫は外で賃労働に従事し、妻は家庭で家事に専念するのが当たり前という意識である。他方で、夫の給与が十分ではない場合、妻は自家菜園で野菜を育てたりするほか、ほかの家庭の家事手伝いなどをして収入を補っていた。イネスも結婚当初は、ときどき近所の家の洗濯や掃除の手伝いをしてわずかな現金を得ていたという。

夫の給与が少しずつ上がって暮らし向きがよくなると、日々の食卓も豊かになり、肉団子やソーセージがときどき食べられるようになった。収入は月八〇クローナほどで、その半分ほどが食費に充てられた。当時としては余裕のあるほうだったが、これは子どもの数が少なかったからだとイネスは書いている。

当時としては珍しく、イネスは生涯で二人しか子どもを産まなかった。これは彼女の夫が望んだことであったという。夫は、養いきれないほど多くの子どもを持つつもりはないと明言していた。それまでの一般的な労働者家庭のあり方とは一線を画す考え方である。

当時、労働者の妻の多くは度重なる妊娠と出産で身体を酷使し、絶え間ない子育てに追われて疲れきっていた。男性の多くは、日々の労働の疲れを紛らわすために飲酒と性行為を求め、その結果、子どもが増えて生活がますます苦しくなっていた。ある記録には、妊娠と出産の繰り返しを自分ではどうにもできないことに絶望して嘆く母の姿が描かれている［参考文献24］。

スウェーデンでは一九一〇年前後から、避妊に関する啓発活動が活発化していた。主導者は社会主義者のジャーナリスト、ヒンケ・ベリェグレン（Hinke Bergegren, 1861～1936）で、彼は全国各地を回って講演をおこない、若い労働者たちに避妊の重要性を説き、コンドームの廉価販売を促進していた。

イネスと夫もその講演会に参加し、彼の主張に深く納得したという。この時期、新たな知識と技術を活用して、より快適で安定した暮らしを自らつくりあげようとする家庭が徐々に増えつつあったことがうかがえる。

ところで、イネスが暮らしたのはダーラナ地方でもっとも人口の多い都市、ボーレンゲに隣接した製鉄所の労働者住宅だったが、この地域の女性たちの回想録をまとめた冊子には、結婚後も職業をもって働き続けた数名の女性によるものも含まれている。製鉄所付設の病院で看護師として長く仕事を続けたシャスティンも、その一人である［参考文献44］。

シャスティンは一八八八年に農家に生まれた。小学校での成績がよく、難関を突破して看護師養成所に入学し、看護師になった。一九一二年に看護師として働きはじめ、一九二四年に製鉄所で事務職員として働いていた男性と結婚。このとき彼女は三六歳で、当時としてはかなりの晩婚だった。シャスティンによれば、看護師の同僚の多くは結婚せずに仕事を続けていたそうだ。

結婚することになったシャスティンは仕事を辞めるつもりでいたが、雇用主の医師から半年だけ仕事を続けてほしいと頼まれて承諾した。だが、実際にはなかなか辞めることができず、子どもを産んだあとも働き続けることになった。家事を手伝ってくれる若い女性を雇い、掃除や洗濯などを任せていたという。

夫婦が昼間それぞれの職場で働き、夜に帰宅して食事をともにするという生活は、いまでは当たり前の暮らし方だが、当時はきわめて珍しかった。知り合いたちからは奇妙な夫婦だと思われていたらしいが、こうした記録からも、当時、女性の生き方が少しずつ変化しはじめていたことがうかがえる。

とはいえ、イネスやシャスティンの事例から把握できるのは、労働者階級とはいっても地方都市の比較的安定した家庭で暮らしていた女性の姿である。同じ時期の都市部では、貧しい女性たちの暮らしは過酷なものだった。

都市で働く女性たち

一九世紀後半に農業の近代化が進行するなかで、土地を失った小作人や、仕事を失った農業労働者の多くは、職を求めて農村から都市へ、あるいは外国へと移動していった。都市の人口は急速に膨れあがり、たとえば一八五〇年代は一〇万人に満たなかった首都ストックホルムの人口は、一八八四年に二〇万人を超え、一九〇〇年には約三〇万人に達している。

農村からの移住者には若い女性も少なくなかった。そうした女性たちが就いた仕事として当時もっとも多かったのは、家事労働であったという。未婚女性はブルジョワ家庭に住み込みのメイドとして雇われた。

ちなみに、スウェーデンにおける「女中（piga）」という呼称には「農家の下女」というニュアンスがあり、都市のブルジョワ家庭では「メイド（jungfru）」と呼ばれることが多かったようだ。さほど若くない場合は、「家政婦（hembiträde）」と呼ばれたらしい。仕事内容はほぼ同じで、労働時間の区切りがなく、休みもほとんど取れないうえに賃金も非常に低かった。

既婚女性のなかにも、通いの掃除婦として働いたり、洗濯やアイロンがけを請け負ってわずかな報酬を得ていた者が少なからずいた。当時は男性の給与も低く、夫の収入だけでは家族を養うことが困難な場合、妻がこうした仕事をして家計を補っていたのだ。

ブルジョワ家庭のメイドが担った家事労働は、基本的には農家の主婦や女中と変わらない。料理、掃除、洗濯、子守などだが、大きな違いは、ブルジョワ家庭では家長の妻が家事を監督し、家の内部を厳密に整えることに重きが置かれていたという点だろう。

ストックホルムに近い大学都市ウプサラの学者の家庭でメイドとして働いたスティーナの回想録には、家事の手順や言葉遣いなどについて、家長の妻からかなり詳細な指示が出されていたことが記されている［参考文献11］。

彼女は一九〇八年、一四歳のときにこの家に雇われた。この家庭では、掃除の仕方や頻度、さまざまな道具を用いた洗濯の細かな手順、家族に提供する焼き菓子の手配、給仕の仕方などが厳しく管理されていたという。

他方で、ブルジョワ家庭だからといって労働環境がよいわけ

ストックホルム市、旧市街の湖畔で洗濯をする女性たち（1910年）

ではなかったようだ。一日の仕事は、朝六時までに朝食を用意することからはじまる。家族が食事をしたあとの残り物が女中の食事になったが、いつもほとんど残らず、空腹に耐えねばならなかった。

食事は立ったまま取り、自分の部屋は与えられず、寝るのはキッチンだった。ベッドをほかのメイドと共用していたこともあったらしく、この点でも、子だくさんのスタータレ家族の生活と大きな違いはない。

さらにスティーナによれば、メイドがいつのまにか妊娠していることは日常茶飯事で、彼女の知り合いにも未婚で子どもを育てる女性が何人もいた。望まない妊娠をしても合法的に堕胎をする手段はなく、違法な堕胎手術をして身体を傷つける女性も珍しくなかった。

こうしたことは、工場で働く女性労働者にも少なからず見られたという。二〇世紀初頭のプロレタリア作家、マリア・サンデル（Maria Sandel, 1870～1927）の作品には、望まない妊娠に苦しむ女性たちが頻繁に登場する。

たとえば、一九一三年に発表された『渦（*Virveln*）』という小説では、チョコレート工場で働く主人公マグダが、監督者の厳しい監視のもとで搾取に苦しんだあげく、知り合った男性に騙され、やがて街頭に立つ売春婦になる過程が描かれている［参考文献46］。

当時は「工場娘」という言葉が、道徳的に堕落した女性を指す蔑称として使われていた。そのなかでサンデルは、当時の環境がいかにして多くの女性たちを追い詰めていたかを描写したのである。

サンデルが当時暮らしていたストックホルム中心部のクングスホルメン地区には、この小説に登場するようなチョコレート工場が実在していた。耐えがたい重労働を強いられるなかで、合理的な選択として身体を売ることを決断する女性もいたという。小説に登場する女性たちの姿は、当時の女性労働者の実態を反映して描かれたものだ。

サンデル自身もストックホルムのきわめて貧しい家庭に生まれ、聴覚障害に苦しみながら、母親とともに編み物の内職をして生計を立てていた［参考文献9］。縫製や編み物などの内職は、当時、都市部の貧困女性が担ったもっとも賃金の低い労働の一つである。子どもを育てながら働く女性たちにとって、こうした仕事のほかに選択肢はほとんどなかった。

ストックホルム市クングスホルメン地区の帽子製造工場（1899年）

正確な統計データはないが、一九世紀末には、産業労働者のうち女性が占める割合は一五パーセントほどであったといわれている。その多くは、繊維産業、タバコ（シガレット）製造、醸造所、食品加工、清掃・洗濯業などに集中していたが、建築現場でレンガ運びなどの力仕事をおこなう女性も珍しくなかったという。とりわけ、繊維産業には女性が多く、綿紡績工場では労働者の過半数が女性だった［参考文献36、256ページ］。

工場で働く女性労働者は、約八割が未婚女性だったと推測されている［参考文献36、11ページ］。ただし、当時の統計には、在宅で請負仕事をおこなう女性や、ほかの家族に雇われて家事労働をおこなう女性の実態はほとんど反映されていない。

ストックホルム市セーデルマルム地区のビール醸造所の女性労働者（1895年～1910年頃）

女性が雇われたのは人件費を低く抑えるためで、給与は男性の半分程度だった。労働時間は長く、一日一〇時間を超えることもあった。日曜日はたいてい休みだったが、それ以外に休暇はない。工場では食事が用意されることもあったが、さほど質のよいものではなく、食費は給与から差し引かれていた。監督者からは厳しく監視され、職場で性被害を受けることも少なからずあったという。

仕事を終えて帰宅したあとは、掃除や洗濯といった重労働を片づけなければならない。職場も住まいも不衛生な状態だったので、結核などの感染症のリスクも高かった。病気になればすぐに職を失い、生活が成り立たなくなってしまう。

中産階級出身の女性であっても、夫に先立たれた場合には同じ苦境に立つことになる。ストックホルムの初期労働運動で活躍したアリーナ・イェーゲシュテット（Alina Jägerstedt, 1858～1919）の母もそうだった［参考文献36］。

軍人だった夫を亡くしたアリーナの母は、生計を立てる手段をもたず、四人の子どものうち二人を手放さざるを得なかった。二人の息子は市の救貧委員会の判断で孤児院に引き取られたのち、遠方の家庭に里子として出され、二度と一緒に暮らすことはなかったという。

すでに成長していた長男は靴職人に弟子入りし、幼いアリーナだけが母と暮らした。母は貧困地区で住まいを転々としながら、おそらく縫製の内職か、ほかの家庭の家事労働を請け負って暮

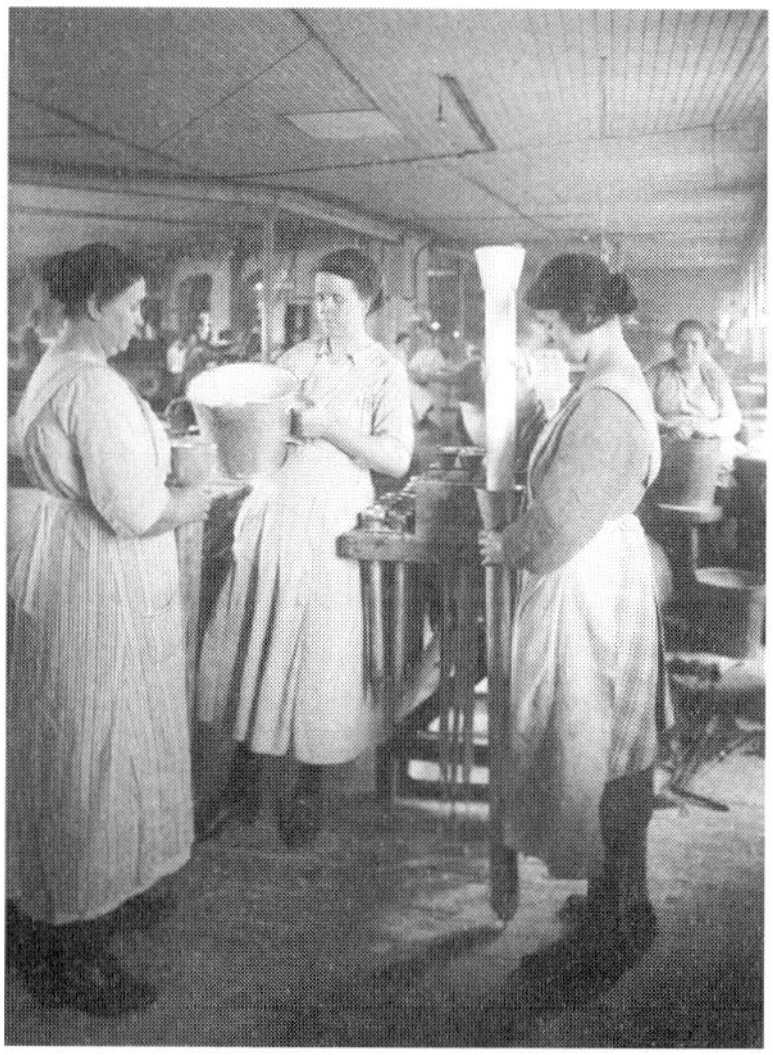

ストックホルム市リリエホルメン地区のロウソク工場（1928年）

ストックホルムの清掃業者に雇われて路面電車の清掃を担当する女性たち（1905年）

らしていたと推測される。娘のアリーナは病気がちな母親を支え、一〇代半ばからタバコ工場で働いた。

アリーナ自身は、二三歳で未婚のまま娘を出産している。アリーナが工場で働いているあいだは母が子守をしたが、母自身も介護が必要なほど身体が弱かった。靴職人となった兄が近くに住んではいたものの、収入は不安定で一家を支えるには足りず、アリーナが母と娘を養った。五八歳までタバコ工場で働き、一九一六年に退職して娘とともに街中にタバコ店を開いた。そして、その三年後に亡くなっている。

タバコ工場では女性の賃金が比較的高く、一八九〇年の時点で月に約五〇クローナを得ていたという。タバコの葉を紙で巻く技術は熟練を要し、性別による分業も少なかったため、高い技術を身につけた女性には相応の賃金が支払われていたようである。それでも、家族が余裕をもって暮らせる金額では決してなかった。

タバコ工場と同じく女性労働者の割合が多かった織物工場ではさらに苦しく、女性の月給は三五〜四〇クローナほどだった。女性が担当したのは比較的単純な機械の操作で、同じ工場内でも職人技を要する仕事や複雑な機械操作などの賃金は高かったが、そこに女性たちが入り込む余地はほとんどなかった。

いずれにしても、男性が家計を支えることを前提とした賃金体系のもとでは、同じ労働をしても女性は給与が低い。育児に対する支援もないなかで、シングルマザーが生計を立てていくことは実に難しかった。

こうした境遇に生きたアリーナは、早くからタバコ労働組合に加入し、仲間とともに労働条件の是正のために闘った。一介の労働者にすぎなかった彼女の個人的な記録はほとんど残っておらず、生活の詳細はわからない。ある研究者は、「彼女の物語は社会史の断片であり、女性の歴史の断片である」と述べている［参考文献36、69ページ］。

女性たちの多くは、過酷な状況に押しつぶされたり、都合よく利用されたりしながら生きざるを得なかった。それでも、アリーナのように、労働のあとにわずかに残った余力を労働条件や生活環境の改善のための活動に注ぎ込んだ女性たちもいた。のちに歴史を動かす基盤となった組織をつくりあげたのは、ぎりぎりの生活を送るなかで仲間をつくり、知恵を絞ってきた彼女のような人々であった。

第3章

労働者女性とブルジョワ女性

男性のための労働運動

前章で紹介したアリーナが加入していたタバコ労働組合は、ストックホルムでもっとも早い時期につくられた単位労働組合の一つである。隣国デンマークで労働運動に参加した経験のある者がタバコ工場に複数いて、結成を主導したらしい。一八八四年の結成当初から参加していた約二〇〇人のうち七六人が女性だったが、その一人がアリーナで、のちに彼女は執行委員会のメンバーを何度か務めている［参考文献36、71ページ］。

この時期、スウェーデンには社会民主主義の思想が広まりはじめていた。一八八〇年代前半には国内各地で労働組合が結成され、ストライキも多発するようになっていたが、参加していたのは圧倒的に男性であった。

女性が積極的に労働運動に参加しなかったのは、きわめて多忙だったために、その余力がなかったからだと考えられる。若くて子どものいない女性労働者は比較的余裕があったかもしれないが、多くは早いうちに結婚して苦しい工場労働から抜け出すことを目指しており、長く労働市場にとどまることを想定していなかった。

そのなかで、女性が比較的多く参加するタバコ労組は異色だった。タバコ産業では性別による分業があまりなく、賃金の差もほかの業種ほど大きくなかった。そのため、女性が労組に参加することへの障壁が低かったと考えられる。

ところで、タバコ工場の労働者たちは、一八八五年にストックホルムで結成された「社会民主主義協会」にも参加していた。この協会は、一八八九年に結党された社会民主党の母体となったものである。

実はアリーナは、社会民主党が結成されたときの結党集会に、タバコ労働組合の代表三名のうちの一人として参加している。この集会で彼女は、「女性が疎外感をもつことなく、今よりも大きな関心をもって組織の活動に参加するために、何がなされるべきでしょうか」と発言した。彼女が得た回答は次のようなものであったという。

> いうまでもなく、女性の利害は男性と共通している。労働運動への女性の参加は党に大きな利益をもたらし、男性が担う資本との闘いの負担を大いに軽くする。したがって、本集会ではすべてのプロレタリア女性に、蚊帳の外に立たず、全力を振り絞って闘争に参加すること、男性と連帯することを奨励する。［参考文献16、13ページ］

この回答は、労働運動が女性の参加を歓迎していたことを示しているように読める。

当時、全国の労働組合のなかには、女性の加入を認めないところも少なからずあった。女性労働者は生計を立てる必要に迫られて働いていたわけだが、労働運動の内部では、女性の労働が男性の職を奪い、給与水準引き下げの元凶となっているとみなして女性を排除しようとする人々もいたし、非熟練労働者としての女性と専門技術をもった男性労働者の利害は、そもそも一致しないと考える人々もいたからだ。

それをふまえると、社会民主党の結党集会において女性が労働運動に参加することの意義が明確に認められたことは、重要な変化だったといえる。

他方で、この回答は女性労働者が抱える固有の問題、つまり男性と比べて給与水準が著しく低いこと、妊娠出産や育児による失業のリスクを抱えていること、家庭において家事や育児を担っていることなどが、当時の労働運動においてはまったくと言っていいほど視野に入っていなかったことを示している。

劣悪な労働環境や長い労働時間、低賃金といった問題の解決においては、女性と男性の利害は確かに一致していた。だが、女性たちには、職場において解決すべき問題はこれ以外にもたくさんあった。それに、女性たちは「男性の負担を大いに軽くする」ために労働運動に参加していたわけではない。

女性労働者たちが苦しい生活から解放されるには、男性と同等の賃金を獲得して、経済的な余裕を得ることが不可欠である。そのためには、知識や技術を得るための教育機会を男性と同等に得る必要がある。家事や育児の負担を減らすための方策も必要だ。望まない妊娠をした場合の救済策も求められる。

だが、これらを実現するには、社会の制度を大きくつくりかえなければならない。当時の女性労働者たちにとっては、まずは男性と連帯して資本主義と闘い、社会主義の実現を目指すことが現実的な手立てであった。アリーナのような女性たちは、女性が容易に排除されかねない状況のなかで、男性中心の労働運動に身を置き続けながら自分たちの意見を届ける努力をするしかなかった。

女性労働者たちのクラブ

とはいっても、労働運動では取り合ってもらえない問題に対して、女性たちが何もしなかったわけではない。各地で女性独自の取り組みが少しずつはじまっていた。

たとえば、一八九二年にストックホルムで結成された「ストックホルム一般女性クラブ」は、労働組合や政治的な活動に参加する前に、まずは「人前で話すこと」を学びたいと考えた女性たちが組織したものである。

このクラブの創設者の一人で、初代の会長を務めたアマンダ・ホルネィ（Amanda Horney, 1857～1953）は、のちに当時を振り返って「女性クラブを結成したのは、本当のところ、話すことを学ぶためでした。男性たちの前で発言するなんて、私たちにはとてもできないことで、だから将来の闘いのために訓練をしたかったのです」と語っている［参考文献36、40ページ］。

彼女は生後すぐに母親を亡くし、貧困のなか一二歳から働きはじめた労働者で、未婚で産んだ子どもを育てながら家具磨きの仕事をしていた。厳しい生活のなかで政治への関心を高め、三五歳で社会民主主義運動に身を投じた人物である。

実際、ストックホルム一般女性クラブでは、当初の数年間、「話し合いの練習」が活動の中心だった。参加者が話したいテーマを提出し、それに基づいて議論をするという形式をとったが、発言者の偏りが目立ったために、できるだけ多くの人が議論に参加できるよう試行錯誤されたという。

このクラブの最初の会合への呼びかけ文は、社会民主主義系の日刊紙に掲載された。一八九二年六月一一日に掲載されたその文章は、「労働者女性、集まれ！」という見出しのもと、次のように書かれている。

「ストックホルム一般女性クラブは、毎月第一月曜日と第三月曜日の九時に、トゥンネル通り一四番地に集まります」

「既婚女性も未婚女性も、ストックホルムのすべての労働者女性を招待します」〔参考文献36・40、42ページ〕

九時というのは、夜二一時のことである。女性たちの労働が終わるのは、通常は一九時を過ぎることが多かった。それより早く仕事が終わっている者も、既婚者であれば夫の帰宅を待って、家族の食事を用意して、子どもを寝かしつけてからでないと外出できない。

二一時に始まる会合が終わるのは、日付が変わる頃になる。ほとんどの女性が、真夜中に徒歩で家路に就いた。翌日も、朝早くから家事と労働が待っている。よほどの熱意がなければ、クラブの活動に参加するのは難しかったはずだ。

では、実際の参加者はどれくらいだったかというと、最初の呼びかけに応じて集まったのは五八人、同年八月に初回の定例会合が開かれたときには一九四人が会員になっていた。議論の訓練をするには多すぎる人数のように思えるが、クラブがいかに盛況だったかがうかがえる。かなりの熱量だったにちがいない。

ちなみに、女性たちの生活状況の変化を反映して、会合の開始時間はその後少しずつ前倒しになり、一九三〇年代には一九時半開始となった。これはクラブの活動が徐々に実を結び、女性たちの生活状況が改善していたことの証左といえるだろう。

ところで、会合の記録には、「話し合いの練習」のテーマとして、給与を酒代に使い果たしてしまう男性、妻が労働組合や政治的な活動に参加することを許可しない男性、女性を妊娠させておいて責任を取らない男性などに対する批判が繰り返し登場する〔参考文献36、19ページ〕。

一八九四年の会合記録には、社会民主党の党大会でのある男性の発言をめぐって、女性たちの怒りが爆発したことが記されている。この男性は、「女性クラブの活動は社会民主主義に立脚したものではなく、女性たちが家の外で夫の悪口を言っているだけだ」と発言したらしい。こうした男性たちの意識や言動そのものが、女性にとっての「問題」の大部分を占めていたことがうかがえる。それを共有することが、女性たちの「闘い」の第一歩だったということだろう。

クラブに集まった女性たちは、議論を通じて共有された問題意識に基づいて、やがて公開学習会を開催したり、さまざまな調査を実施したりといったことも活発におこなうようになった。ある会員の発案で一八九三年から一八九四年にかけて実施された調査では、約三〇〇〇人の女性労働者の賃金、労働時間、健康状態、住環境のデータが収集され、調査結果をまとめた報告書が一八九七年に発行されている〔参考文献35〕。公開学習会では、女性参政権や性教育といったテーマも繰り返し登場した。

また、クラブ内で結成された合唱団はプロ顔負けの実力をもっていたようで、市内のさまざまなパーティーに出向いて歌い、謝金を得ていた。労働運動とは縁遠いところからも依頼があったという。資金集めのためのパーティーやバザーも頻繁に開催された。深刻な生活課題や社会問題について議論しながら、こうして活動資金を蓄えることにも精を出し、危機に瀕した女性を支援するための財源にしていた。

スウェーデン第三の都市マルメでも、労働者女性たちによって一九〇〇年に「マルメ女性議論クラブ」が結成されている。結成時の規約には、「知的領域における女性の向上、ならびに政治的、労働組合的な啓発」が活動目的として掲げられた。このクラブをつくったのは、その直前に活動中止を余儀なくされた「マルメ女性労働者協会」の女性たちである。

この協会は、女性の労働運動への参加を促進することを目的として男性主導で組織されたものだったが、社会民主主義運動の内部対立の影響を受けて早期に解散していた。その後、労働運動で活動を続けていた女性たちの何人かが、女性による女性のためだけの組織の必要性を痛感し、数年後に議論クラブを立ちあげたのだ。

「議論クラブ」という名のとおり、ここでも、自分たちを取り巻く諸問題を話し合うことが活動の中心だった。シングルマザーの状況、家事労働者の賃金、職場における性被害、「ミセス（fru）／ミス（fröken）」といった呼び方の区別、結婚をめぐる法制などが議論の題材となった。

シングルマザーを支援する団体を設立したり、失業者家庭の子どもの支援活動をおこなったりといった活動も早くから実施しており、資金集めのためのパーティーやバザーも多く開催されている。ストックホルム一般女性クラブと同じく、性教育や避妊の啓発にも早くから力を入れていた。

ほかにも、一八八〇年代後半には、社会民主主義運動や労働運動と結びついた女性たちの組織がいくつか存在していた。それらはやがて「社会民主主義女性クラブ」と総称されるようになる。こうした組織はその後も各地に続々と結成され、ストックホルム市内にも複数の女性クラブがつくられているが、そのなかでも傑出した成果を上げたのはストックホルム一般女性クラブである。結成からまもなくして女性労働運動の支援に力を入れるようになり、これによって組織の基盤はいっそう強固なものになった。

女性のための労働運動

ストックホルム一般女性クラブは、活動開始から五年が経った一八九七年、クラブ内に「アジテーション委員会」を設置した。議論の訓練から一歩進んで、労働組合の活動や政治活動に関与する女性を増やすための組織である。

クラブの創設メンバーのなかには、労働組合や政治活動の経験をもつ女性が何人かいた。他方で、洗濯業や家政婦など女性ばかりが働く業種には、まだ労働組合は存在しなかった。クラブの活動を通じて自信をつけた女性たちは、経験者の力を借りて、自ら労働組合の結成を試みるようになっていった。

タバコ労働組合のアリーナのほか、デンマークの労働運動で経験を積んだアンナ・ステルキィ(Anna Sterky, 1856~1939)、社会民主党の幹部として活躍していたカータ・ダルストレーム(Kata Dalström, 1858~1906)などが、各地に出向いて女性労働組合の結成を支援した。

その試みは、いくつかは失敗し、いくつかは成功した。たとえば、ある洗濯業者に雇われていた女性たちが計画した労働組合は、経営者が労働者たちに賄賂を贈ったことで頓挫した。

成功例の一つは、一九〇四年に結成された家事労働者組合である。住み込みのメイドや家政婦はとくに労働時間が長く、クラブの会合に出席することさえ容易でなかったが、それだけに、労働組合をつくって雇用主と労働条件の改善に向けた交渉を可能にすることが重要だった。

支援を受けて結成された労働組合は、その後、各職場で労使紛争や団体交渉に取り組むことになった。もちろん、そこにも経験者の支援が必要である。そこで、アジテーション委員会を一九〇二年に「女性労働組合連合」として再編し、さまざまな業種の労働組合の活動を支援するとともに、労働組合がない職場で働く女性たちが連合に直接加入できるようにした。これによって、女性たちが労働運動に参加することがずっと容易になった。

女性労働組合連合には、数年間のうちに全国から約三〇の労働組合が加盟し、男性中心の労働運動に引けをとらないほどの規模になった。経験豊かな人材が連合から各労働組合に派遣されて活動を支援したほか、一九〇四年には機関誌として『朝風（*Morgonbris*）』を創刊し、全国の女性労働者に政治情勢やルポルタージュなどの情報を提供した。初代の編集長は先に紹介したアンナ・ステルキィである。この雑誌は連合が解散したあとも存続し、現在も発行されている。

一九〇七年には、女性労働組合連合とストックホルム一般女性クラブが中心となって、全国の労働者女性が参加するさまざまな団体を集めた「社会民主主義女性会議」を開催した。各地の女性クラブ、女性労働組合、そのほか社会民主主義系

Kvinnornas Fackförbund

anordnar

Samkväm för arbeterskor

Tisdagen den 13 Okt. kl. ½9 e. m.

Folkets Hus, B-salen.

MUSIK, FÖREDRAG af hr *L. Lindfors* samt

SÅNG af Kvinnornas sångkör.

Alla sömmerskor, industri- och fabriksarbeterskor välkomna. Inskrifning i de kvinnliga fackföreningarne mottagas.

STYRELSEN.

女性労働組合連合が主催する「女性労働者の集い」の告知ポスター（1903年）。10月18日木曜日、夜９時半から開催。内容は音楽、講演会、女声合唱団の歌。会場では女性労働組合連合への加入も受け付けると書かれている。

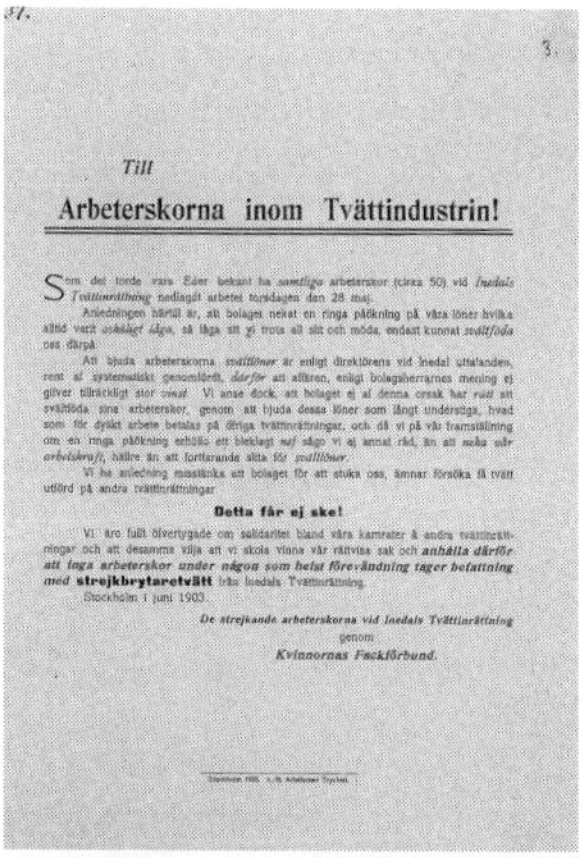

Till

Arbeterskorna inom Tvättindustrin!

Som det torde vara Eder bekant ha *samtliga* arbeterskor (cirka 50) vid *Inedals Tvättinrättning* nedlagt arbetet torsdagen den 28 maj.

Anledningen härtill är, att bolaget nekat en ringa påökning på våra löner hvilka alltid varit *oskäligt låga*, så låga att vi trots all slit och möda, endast kunnat *svältföda* oss därpå.

Att bjuda arbeterskorna *svältlöner* är enligt direktörens vid Inedal uttalanden, rent af systematiskt genomförd, *därför* att affären, enligt bolagsherrarnes mening ej gifver tillräckligt stor *vinst*. Vi anse dock, att bolaget ej af denna orsak har *rätt* att svältföda sina arbetersker, genom att bjuda dessa löner som långt understiga, hvad som för dylikt arbete betalas på öfriga tvättinrättningar, och då vi på vår framställning om en ringa påökning erhöllo ett blankt *nej* sågo vi ej annat råd, än att *neka vår arbetskraft*, hällre än att fortfarande slita *för svältlöner*.

Vi ha anledning misstänka att bolaget för att stuka oss, ämnar försöka få tvätt utförd på andra tvättinrättningar.

Detta får ej ske!

Vi äro fullt öfvertygade om solidaritet bland våra kamrater å andra tvättinrättningar och att desamma vilja att vi skola vinna vår rättvisa sak och ***anhålla därför att inga arbeterskor under någon som helst förevändning tager befattning med* strejkbrytaretvätt** från Inedals Tvättinrättning.

Stockholm 1 juni 1903.

De strejkande arbeterskorna vid Inedals Tvättinrättning

genom

Kvinnornas Fackförbund.

洗濯労働者のストライキへの支援を呼びかける1903年のチラシ。女性労働組合連合が洗濯労働者とともに作成したもの。この洗濯所での労働組合結成の試みは失敗した。

の組織から代表者が集まり、女性にかかわる社会問題について協議するというものである。

この集まりは、その後、三年置きに開催された。全国の約一二〇〇の女性労働者団体が結集した一九二〇年には「社会民主主義女性連盟」と名称を変更し、社会民主党の正式な会員組織となった。すでに前年に、国政選挙において女性の参加を認めることが国会決議されており、社会民主党は女性たちを組み入れることで大量の女性票を確保しようとしたのである。

ところで、女性参政権は社会民主主義運動にとっては重要課題だったが、その実現が迫っていた時期、労働者女性たちの熱意は必ずしもそこに向かっていたわけではなかった。女性クラブのなかには女性参政権運動に熱心に参加する者もいたが[1]、多くの労働者女性にとっては賃上げと労働時間の

1907年に開催された社会民主主義女性会議の出席者

短縮のほうが重要で、参政権の問題はやや抽象的で自分からは遠い問題だと受け止められていたようだ。

参政権の獲得に向けて熱心に取り組んでいたのは、主にブルジョワ家庭出身の女性たちである。彼女たちも、自分たちの闘いのために各地でさまざまな団体を立ちあげていた。その代表格は、一八八四年結成の「フレドリカ・ブレーメル協会」である。同じ年にスウェーデン第二の都市イェテボリでも「イェテボリ女性協会」が設立されている。(2)

どちらの団体も、当時の保守勢力と対立するリベラルな政治団体と近い関係にあったが、労働者女性から見れば保守的な姿勢をもっていた。労働者のなかには、自分たちを慈善活動の対象とみなすブルジョワ女性に対する嫌悪感が根強く、参政権の実現に向けて協力することへの抵抗もあったことが記録に残っている［参考文献36、62ページ］。

第1章で紹介したスヴェンスカ・ヘムを主導した女性たちは、まさしくこうしたブルジョワ階級に属する人たちだった。彼女たちにとっての重要な課題は、社会で自立して生きていけるようになることである。そのためにまず手に入れる必要があったのは、経済力だった。

スウェーデンの女性たちが初めて自ら立ちあげた結社は、一八七三年設立の「既婚女性の財産権のための協会」であるといわれている。スウェーデンでは一八四五年に女性にも男性と同等の相続権が認められていたが、財産を管理する権限は男性にかぎられていた。こうした状況に対して、中・上流階級の既婚女性たちが立ちあがったのだ。

彼女たちの尽力によって、一八七四年には、既婚女性が自らの所得を（夫ではなく）

（1）たとえば、一九二一年に初めて国会議員に選出された五人の女性のうちの一人、アグダ・エストルンド（Agda Östlund, 1870～1942）は一四歳から縫製労働者として働いていた人物で、一九〇三年にストックホルム一般女性クラブの会員となり、参政権運動に熱心に関与した。一九〇四年から一九〇五年までは同クラブの会長を務めている。

（2）そのほかにも、一九一一年には保守党（現在の穏健党）の関連団体として「ストックホルム穏健女性協会」が、さらに一九一四年には自由党と近い「自由女性協会」が組織され、それぞれ女性参政権の実現に向けて運動を展開した。

初の女性国会議員になったアグダ・エストルンドの演説会場（1921年9月11日）

自分で管理する権利を認める法改正がおこなわれ、一八八四年には相続財産を管理する権利も認められた。

この協会は一八九六年にフレドリカ・ブレーメル協会と統合し、一九〇三年に設立された「全国女性参政権協会」とともに、女性の権利獲得に向けてさらなる活動を続けた。第1章でも触れたとおり、全国女性参政権協会の初代会長を務めたのは、スヴェンスカ・ヘムの主導者、アンナ・ヴィトロックである。国会で女性参政権が認められたのは一九一九年、初めて女性が参加して国政選挙がおこなわれたのは一九二一年のことだった(3)。

さらに、女子教育の発展に力を尽くしたのも、ブルジョワ家庭出身の女性たちである。アンナ・ヴィトロックは、女子教育のパイオニアでもあった。彼女がエレン・ケイとともに一八七八年に首都ストックホルムに設立した学校は、当時、先進的な女子学校の一つとして注目されていた。

彼女たちはなぜ、自ら女子学校を設立しなければならなかったのか。少し時代をさかのぼって、ブルジョワ女性たちの境遇の変化を追ってみることにしたい。労働者女性とは事情が異なるものの、ブルジョワ女性たちもまた、当時の社会のなかで深刻な問題を抱えていたのである。

『ヘッタ』のインパクト

一八四二年に義務教育機関として国民学校が設置されるまで、スウェーデンの女性には教育を受ける機会がほとんどなかった。

富裕層の女子の一部は、一八世紀に入った頃から家庭教師をつけたり、「女子ペンション」[4]と呼ばれる私的な教育機関で礼儀作法、フランス語、高級手工芸、ピアノ演奏などを学んだりしていたが、そこでの目的は優美な作法、社交界で役立つサロン的教養を身につけることで、教育を通じて実用的な能力を育成することはまったく想定されていなかった［参考文献32］。上層階級の女性にとって、家事は使用人に任せるべきものであったし、家庭の外で何らかの活動に参加する機会もかぎられていた。

スウェーデンでは、一九世紀半ばまで女性には成人権が認められておらず、自らの財産を所有

（３）地方参政権については、すでに一八六二年に、一定の収入がある二五歳以上の未婚女性に認められていたが、収入の基準を満たす女性は稀であった。

（４）「ペンション」という呼び名は、教育の場が生徒たちの宿泊施設でもあったことに由来する。生徒は学校に通うのではなく、一定期間、教師の家に住み込んで教育を受けた。

していたとしても、未婚の場合は家長である父親または兄弟に、結婚したあとは夫にその財産の管理を委ねなければならなかった。結婚相手を自ら選ぶことも、結婚しないことを選ぶこともできず、自分の生き方を自分で決める権利が著しく制限されていたのである。

女性作家フレドリカ・ブレーメル（Fredrika Bremer, 1801～1865）が一八五六年に発表した小説『ヘッタ（*Hertha*）』は、家長が決めた政略結婚に抵抗する女性の苦悩を描き、女性の成人権を認めることを訴えた作品である。これが当時のスウェーデン社会に与えたインパクトは大きかった。

裕福な家庭に育ち、家庭教師のもとで知識を深めたり、家族とともに外国を旅するなかで知見を広げたりしながら育った女性たちのなかには、家父長制のもとで「優美なマダム（en fin dam）」として抑圧された暮らしを送るのではなく、社会参加を果たし、自立して生きることを夢見る者が増えていった。

『ヘッタ』によって巻き起こされた論争を経て、一八五八年の法改正で、二五歳以上の未婚女性に成人権が認められ、結婚や各種契約などの法律行為を自らの意思でおこなうことができるようになった。その後、財産管理の権利も段階的に認められるようになった。

だが、家庭内の実態としては、家長にすべての決定が委ねられる状態が続いていた。そのなかで、女性が権利行使の主体となるためには女子教育が不可欠だという見方が、女性解放を目指す人々のなかに広がっていくことになる。

一九世紀に現れた「女子学校」と呼ばれる新しい学校は、男子と同様の教育を提供する私立学校で、女性が専門的知識を身につけて社会的活動に参加することを支援するものだった。一九世紀後半になると、国内各都市に女子学校が次々とつくられていく。こうした動きを牽引したのは、女性の権利を制限する社会のあり方に不満を募らせていたブルジョワ家庭出身の女性たちである。

一八八六年の時点で、全国に少なくとも一二四校の女子学校が存在していたとされる〔参考文献32、49ページ〕。女子学校で学んだ女性たちは、やがて医療、慈善活動、ジャーナリズムなどの領域で活躍するようになった。一部の女子学校では女性の政治参加を促す教育もおこなわれ、女性参政権運動に参加する教師や生徒もいた。

アンナ・ヴィトロックが運営した学校における生物の授業の様子（1905年～1920年頃）。この学校は1893年に男女共学校になっている

他方、女子学校が急増した背景には別の要因もあった。すでに工業化が進展しつつあったこの時代、雇用主は教育を受けた安価な労働者を求めていた。一八四二年に義務教育制度として導入された国民学校もそうした要請によるものであったが、労働市場のニーズにこたえるには義務教育のみでは不十分だった。そこで期待が寄せられたのが、ブルジョワ家庭出身の若い女性たちだったのである。

さらに、女子学校の規模拡大には、当時深刻だった人口動態の問題も関係している。一九世紀初頭から人口が爆発的に増え続けたことによって男女の人口比が不均衡になり、結婚する相手がいないという女性が急増する事態が生じたのだ。一九世紀後半を通じて、都市部では一五歳以上の女性のうち未婚者が占める割合は五割を超えていた［参考文献32、229～230ページ］。労働者女性の場合は、未婚のまま女中や料理人などの職や工場労働などを続けて生計を立てることになるが、ブルジョワ家庭の場合、結婚しない女性は生家にとどまり、引き続き父親に（あるいは家督を継いだ兄弟に）扶養されることになる。家長である男性にとって、これは経済的に大きなリスクであった。この問題に対して導き出された解決策が、娘を女子学校に通わせて経済的な自立を促すことだったのである。

こうした傾向を前にして、国会では激しい論争が繰り広げられたという。女子教育に反対する立場からは、女性は生まれもった特質によって男性と区別されるのであり、男女平等は神によって確立された社会秩序にそぐわないという意見が表明された。

これに対して女子教育を支持する人々は、女性は男性を補完する役割をもつのだから、教育によって女性の特性が伸ばされれば、家庭だけでなく社会生活においても役に立つはずだと主張した［参考文献32、36ページ］。

どちらの主張にも女性への偏見があからさまに表れているが、優勢となったのは後者のほうだった。

一八六六年に政府が任命した女子学校委員会の答申には、女子教育の第一の目的は家庭での役割を果たせるように女性を育てることにあるとしたうえで、「未婚の女性が増えている状況下では、職を得て自活できるようにするための教育も必要である」と書かれている。女性に適した職業として、医師、薬剤師、電信・電話、経理などが挙げられ、「教師の仕事も女性に向いてはいるが、初等教育にかぎられる」とも付言されている。

つまり、女性の特性は、ケアにかかわる仕事、男性を補助する仕事に適合しているというわけだ。この答申ではさらに、「女性はそもそも学問に向いていないのだから、女子教育が普及したとしても家庭での役割をおろそかにするリスクは小さい」とまで述べられている。

私立の女子学校が一九世紀後半に急速に増えていったのは、このように、労働市場のニーズに対して女性の特性についての都合のよい解釈があてはめられ、ブルジョワ家庭の家長が娘を女子学校に送り込むことが正当化されたからだろう。女性特有の資質が労働市場に求められているという理由を盾にすれば、家長としての面目をつぶすことなく、未婚の娘を扶養するという経済的負担から逃れられるのだ。

これによって女性の社会参加を阻んできた障壁は低くなり、ブルジョワ家庭出身の女性たちにとっては、経済的な自立を果たし、自ら選んだ道を歩む可能性が開かれた。ただし、女性の能力は男性よりも劣るという偏見は根深く、女性に門戸を開く職種はかぎられていた。そのため、労働者女性と同じく、ブルジョワ女性の給与水準も男性と比べるとかなり低かった。

ところで、一八四二年の義務教育制度の導入は、貧困層の子どもたちの職業選択にはほとんど影響を及ぼさなかったが、ブルジョワ家庭出身の若い女性

ストックホルム市の電話会社で働く電話交換手

たちの経済的自立にとっては重要な役割を果たした。大量に必要となった国民学校教師の職は、おおむね若い女性で占められるようになったからだ。女子学校で学ぶことの楽しさを知った女性たちの何割かは、各地に設立された女性教師養成所に入学し、教師の職を目指した。

国民学校にとっても、若い女性は安上がりで我慢強い労働力として都合がよかった。ある校長が残した次の証言には、国民学校教師として女性を採用することが、当時どのように正当化されていたかが示されている。

女性はまちがいなく大きな利点をもっています。誠実で、時間を守り、我慢強く、穏やかで几帳面、清潔で礼儀正しい。こうしたすべての資質を通じて、学校に求められる精神がつくりあげられ、学校に求められる秩序が維持されることを、誰もが望んでいるにちがいありません。それは家庭の精神です。家庭生活の第一人者である女性を通して、それが学校に持ち込まれるのです。

つまるところ、男性教師と同じくらい、いや、男性よりも優秀な女性教師を、はるかに低い給与で得ることができます。この道が開かれているかぎり、高い教育を受けた貧しい女性たちの多くが教職に身を捧げることは確実です。［参考文献10、15ページ］

ちなみに、アンナ・ヴィトロックが教師になる前に通っていたのは、一八六一年にストックホルムに開校した国立高等女子師範学校だったが（作家セルマ・ラーゲルレーヴもこの学校の卒業生である）、ここは、先ほど触れたフレドリカ・ブレーメルの小説『ヘッタ』が巻き起こした論争の結果として設立されたものである。女性の成人権が認められたからには、女性が高等教育を受ける機会も整備されることが望ましい。女性の権利拡大を支持する人々のこうした期待に国王オスカル一世（Oscar I, 1799~1859）がこたえ、王命によってこの学校が設立されたのだ。(5)

この学校は女性教師養成所よりも上級に位置づけられており、卒業生のなかには、国民学校ではなく私立の女子学校で教鞭を執る者が多かった。ヴィトロックのように、自ら女子学校を設立した者も少なくない。一八七〇年代には国内各地に一〇〇を超える女子学校が存在していたが、その多くが女性によって組織されたものだったという［参考文献48］。

すでに触れたとおり、実際に女子学校の運営にあたった女性たちのなかには、女性解放の思想を積極的に教える者たちもいた。女子学校で教師を務めながら参政権運動で活動していた女性はヴィトロックだけではない。自由な人生を夢見る女子生徒たちのなかには、そうした教師をロールモデルとする者もいたようだ［参考文献10］。

ただし、女性が男性と同等に社会的活動に参加することには、まだまだ根深い抵抗があった。一九〇〇年の時点で、女子学校の生徒総数は一〇~一六歳女子の全人口の約三パーセントにすぎない。[6] 当時の大多数の女性たちは、家父長制に抗うことなく生きていた。

それでも、変化を求める女性たちは仲間を探し、できるかぎりの知恵を集めて、大きな挑戦を仕掛けていった。アンナ・ヴィトロックはその先鋒の一人であり、若い頃に彼女と一緒に女子教育に打ち込んだエレン・ケイもそうだった。彼女らが創設した女子学校は、女子にも男子と同様の科目を教え、学校外での自然観察や工場見学などを日常的に実施するなど、当時としてはきわめて革新的な教育実践をおこなっている。

ヴィトロックの同志であったケイは、こうした経験を経て、二〇世紀のスウェーデン社会に絶大な影響を与える思想家へと成長していくことになる。彼女の名前は、学校教育の根本的変革を主張した一九〇〇年の著書『児童の世紀』が高い評価を得たことで世界中に知られるようになった。だが実のところ、スウェーデン国内における彼女の最大の功績は、女性たちが階級を超えて連帯するための基盤をつくりだしたことにあったといっても過言ではない。

（5）大学が女性に門戸を開いたのは一八七三年である。大学入学資格を得るための中等学校に女性も入学できるようになったのは一九二七年だったが、一八七〇年代以降は一部の私立女子学校で大学入学資格が得られるようになり、ごくわずかではあったが、女性にも大学に入学する道が開かれた。

（6）男子を対象とする公立中等学校の同年の生徒数も、一〇～一六歳男子の全人口の四パーセントほどだった［参考文献32、58ページ］。

エレン・ケイが果たした役割

エレン・ケイが切れ味鋭い社会批評家としてスウェーデン国内で注目を集めるようになったのは、一八八〇年代の終わり頃である。

スウェーデン南部の裕福な農家に生まれた彼女は、一八六〇年代末、一九歳のときに、国会議員を務めた父の秘書としてストックホルムに移り住み、政治家や知識人らとの交流を深めるなかで、やがて社会民主主義運動や労働運動にもかかわるようになった。

アンナ・ヴィトロックと一緒に一八七八年に女子学校を開始したことはすでに述べたが、一八八〇年代初頭からは女子学校の仕事と並行して、労働者向けの教育活動にも携わっていた。一八八〇年に設立されたストックホルム労働者教育協会で、歴史の講義を担当していたのである。この仕事を通じて、当時の労働者階級の人々の生活環境が彼女の関心を強く捉えることになった。

そして、労働運動に参加していた女性たちにとっても、彼女は希望の星となった。そのきっかけをつくったのは、労働者教育協会で講義を受けていたアンナ・セーデルベリィ（Anna Söderberg, 1867～1951）である。セーデルベリィは一八九二年に設立されたストックホルム一般女性クラブの発起人の一人で、アイロンがけ労働者組合の創設メンバーでもあった。

自画像とともに立つエレン・ケイ（1908年）

エレン・ケイが講師を務めていたストックホルム労働者教育協会の講義室（下、1950年末）と建物外観（左上）。労働者教育協会は1880年に設立され、1968年に活動を終えるまで、労働者向けの講座を開講し続けた

ケイが講師を務めていた労働者教育協会は、労働者階級の人々に科学や人文学を教えるために設立されたものである。講義には知識欲にあふれた労働者たちが集い、その多くは男性だったが、女性の姿もあった。

洗濯工場でアイロンがけの仕事をして生計を立てていたアンナ・セーデルベリィもその一人で、一八九二年二月のある夜、講義が終わったあとケイと話をするなかで、こう言ったという。「私たちがうらやましく思っているのは、お金持ちの人たちがきれいな服を着て、良いものを食べていることではありません。教養と文化にアクセスする機会をもっていることがうらやましいのです」［参考文献21、18ページ］

労働者階級の女性たちにとって、知識を得る機会はきわめてかぎられていた。私立の女子学校は増えていたが、労働者家庭には娘をそこに通わせる余裕はない。当時、都市部では、労働運動による図書館の設置がようやくはじまったところだった。

他方で、リベラルなブルジョワ女性たちはフレドリカ・ブレーメル協会などの団体に所属して、女性参政権運動に情熱を注いでいた。女性解放のための運動が労働者女性にも資するものでなければならないことを彼女たちは認識していたが、実際のところ労働者階級の女性たちとの接点が十分にあったわけではない。両者が接する機会といえば、家庭内の使用人との関係か、地域社会での慈善事業くらいである。だが、労働者への施しとして実施される慈善事業は労働者側からひどく嫌悪され、厳しい批判を受けるようになっていた。

かねてより、ケイも階級の垣根を超えた女性たちの交流の重要性を主張していたが、彼女自身も、労働者教育協会で講義をするほかにはこれといった機会をもっていなかった。そのようななかで、アンナ・セーデルベリィとの会話はケイに強烈な印象を残したのだろう。ケイはすぐに親しい友人たちと相談し、策を練った。

知識を求める労働者女性たちにその機会をぜひとも提供したいし、階級を超えた連帯を実現させたい。だが、ブルジョワ女性が労働者女性のために何かを教えるという形にはしたくない。女性たちが対等な関係で会話し、親交を深め、協力して問題解決に取り組めるような場をつくるためにはどうしたらいいのか。

ケイと友人たちは、参考になる事例を探して国内外の情報を調べ、労働組合の女性活動家たちや、労働者教育協会の講義に参加していた女性たちからも意見を聴いた。交流のあった女性文化人や女性教師たちにも賛同を求めたところ、二〇人近くが参加の意思を表明してくれた。

まずは試験的に、アンナ・セーデルベリィが組織したアイロンがけ労働者組合や、設立されたばかりの縫製労働者組合に声をかけ、社会問題に関心のある女性たちを募集することにした。初めての会合は一八九二年三月二二日、ストックホルム市内の家政学校の校舎を借りて開催され、四五人の労働者女性が集まったという〔参考文献21〕。

その後、月に二回のペースで会合が開かれるようになった。開始時間は労働者女性たちの仕事が終わったあとの、夜八時である。会場にはお茶と軽食が準備された。参加者は一二名ずつのグループに分かれ、文学や地理などの講義を受けたり、子育てや労働環境など身のまわりの課題を議論したりした。一緒に音楽を聴いたり、歌を歌ったりすることもあった。

この会合はやがて、「トルフテルナ（Tolfterna）」と呼ばれるようになる。「一二人のグループ」という意味だ。女性参政権運動に参加していたブルジョワ女性たち、女性労働運動に参加していた労働者女性たちの双方が、トルフテルナの会合に参加した。夜八時からの会合は、異なる階級の女性たちが互いを知り、互いを支援する関係を築くうえで大きな役割を果たすことになった。

トルフテルナの活動は、その後、一九六四年まで継続している。初期にはエレン・ケイのほか、アンナ・ヴィトロック、著名な絵本作家エルサ・ベスコヴ（Elsa Beskow, 1874～1953）らが参加した。のちには、女性参政権運動のリーダーの一人だったシグネ・ベリィマン（Signe Bergman, 1869～1960）、女性初の国会議員になったシャスティン・ヘッセルグレンとアグダ・エストルンド、女性労働運動の著名な活動家カータ・ダルストレーム、ストックホルム一般女性クラブの創設者アマンダ・ホルネィ、後述する全国消費協同組合連合（ＫＦ）の女性組織を束ねたアンナ・ヨハンソン・ヴィスボリィ（Anna Johansson-Visborg, 1879～1953）、女性労働運動の雑誌『朝風』（七〇ページ参照）の編集長を務めていたアンナ・リンドハーゲン（Anna Lindhagen,

1870〜1941）[(7)] など、スウェーデンの各種の女性運動における有名人が軒並み参加している。

ところで、アンナ・ヴィトロックがトルフテルナの会合で、消費協同組合「スヴェンスカ・ヘム」の構想を披露したという記録が残っている。一九〇五年一一月にスヴェンスカ・ヘムが設立された際には、参政権運動の仲間たちのほか、トルフテルナに参加していた労働者女性たちの多くも組合員になった。

労働者女性にとって二〇クローナの出資金は一〜二週間分の給与に相当し、容易に出せる金額ではなかったが、それでも、トルフテルナのメンバーの大多数がスヴェンスカ・ヘムの組合員になり、忠実な顧客として店を支えたという［参考文献21、174〜175ページ］。

トルフテルナは、当時立ちあがっていたさまざまな女性組織のつながりをつくる場として機能した。一九〇三年に設立された全国女性参政権協会も、トルフテルナのネットワークから生まれたものだ。女性参政権が実現するまでには、トルフテルナの結成から三〇年近くの年月を要したが、それまでの間、さまざまな立場の女性たちがここで知り合い、連携のための基盤を整えていったのである。

（7）彼女の兄カール・リンドハーゲン（Carl Lindhagen, 1860〜1946）は、国会議員として女性参政権の実現に尽力した人物の一人である。また、女性労働組合連合のもとで創刊された『朝風』は、一九二〇年以降は社会民主主義女性連盟によって発行されている。

女性たちの運動に対するエレン・ケイの貢献はこれだけではない。彼女が著書『児童の世紀』（一九〇〇年）および『恋愛と結婚』（一九〇三年）で提起した「社会的母性」という概念は、女性労働運動にきわめて大きな影響を与え、女性たちの運動が階級を越えて連携を深める際の拠りどころの一つとなった。

母性の社会的保護

ケイは、子どもを産み育てることを「社会でもっとも重要な仕事」とみなした。次世代を担う子どもを大切に育てあげることは社会の責務であり、それを担う女性たちの「母性」は社会によって保護されなければならない、というのである。

彼女は、子どもを育てながら家庭外で働いている労働者女性の日常生活をよくわかっていた。夫の稼ぎだけでは生計が維持できず、幼い子どもの世話を近所の知り合いに任せて働きに出る女性たちは、長時間労働を終えて帰宅したあと、夫が酒を飲んだり、身体を休めたりしている間も家事に追われている。さらに、貴重な睡眠時間を削って労働組合や女性クラブの会合に出かけ、自分たちの精神を向上させる努力を惜しまないことを、ケイは驚嘆に値すると述べている(8)。

また、劣悪な労働環境のために身体の健康が損なわれ、死産や乳幼児の死亡を招いていることや、若い女性が自由意思に基づく行動の結果として身の破滅に至ることを憂い、「子どもには親の欠陥や過ちのゆえに苦しめられない権利がある」(9)とも述べている。

こうした子どもの権利を守るためには、無防備な人々の苦しみが子どもに受け継がれないようにするための社会立法が必要だ。母となった女性、あるいはこれから母になろうとする女性は、「国民のもっとも尊い宝」であるのだから、彼女たちの健康を最良に保つために、社会による保護が求められる。だから、子どもが母親による養育を必要とする期間は、母親が家庭外で働かなくてもすむように、社会の責任で養育手当を支給するべきである、というのがケイの主張であった。

ケイによれば、母性とは社会の発展にとってきわめて重要なものである。だから、個々の母親は自らが産んだ子の母であるだけでなく、社会全体の母でもあるし、子を産まない女性であっても、社会的活動に参加することで「社会の母」となりうる。女性が社会において十分に能力を発揮するためにも、子どもの養育の責任を女性個人に負わせるのではなく、社会全体の責任とせねばならない。ケイはこのように考え、これを「社会的母性」と呼んだ。

---

(8)　エレン・ケイ［一九〇〇＝一九七九］「婦人解放と母性保護」（『児童の世紀』小野寺信・小野寺百合子訳、冨山房百科文庫）一一四ページ。
(9)　前掲書、一〇八ページ。

ケイは、すべての女性を「産む性」とみなして、女性の労働を制限せよと言っていたのではないし、子どもをもたない女性や子どもの世話を他者に託して働くことを選択する女性を否定しているわけでもない。むしろ、性別にかかわりなく、身をすり減らすような長時間労働を制限し、一日八時間の労働時間を法制化すべきだと主張している。(10)

当時、社会民主主義運動に身を投じていた女性たちは、男性よりも不当に賃金が安いという不公正に対して闘っていた。だが、日々の過酷な労働を男性と同等に担うことを積極的に望んでいたわけではない。彼女たちが望んでいたのは、安定した生活を送ることである。子どもを産むことは女性の一生を左右する一大事でありながら、当時は、女性自身がそれをコントロールすることが不可能な時代であった。

工場で働く女性労働者が未婚のシングルマザーになってしまえば、仕事と育児を同時に一人で担うことはできない。子どもを産む身体から逃れることができない女性たちが、社会による母性の保護を主張するケイの思想を福音のように受け止めたことは想像に難くない。やがて彼女たちは、「人間的な環境の整った家庭で、社会による保護を受けながら子どもを育てる権利」を主張するようになっていった〔参考文献16、24ページ〕。

女性労働組合連合の機関誌『朝風』においても、一九〇四年の創刊当初からケイの思想は絶賛され、読者である女性たちは、自らを「家庭の真の保護者」とみなすようになっていたという。

Column　エレン・ケイ『恋愛と結婚』
（小野寺信・小野寺百合子訳、新評論、1997年）

エレン・ケイが1903年から1906年にかけて出版した『生命線（*Lifslinjer*）』と題する３部作は、自己の幸福を最大限に追求することと、多様な他者を十分に尊重することの調和を系統的に論じた著作で、不朽の名著と言われている。その第一部の副題が「恋愛と結婚」で、当時の女性解放運動では十分に論じられていなかったセクシュアリティの問題を扱っている。

彼女の主張する「母性の社会的保護」と「社会的母性」については、『恋愛と結婚』の第６章「母性からの解放」、および第７章「社会における母性の役割」に詳しい。また、第８章「自由離婚」や第９章「新婚姻法の一提案」では、身勝手な夫との関係に苦しみながら子どもを育てる女性を解放するために、道徳の転換と制度改革の必要性を主張している。子どもの権利を守るために婚姻制度の根本的な見直しを迫る彼女の主張は、現代においても十分に読み返す価値がある。

ケイの「社会的母性」の思想は、貧困と過酷な労働に苦しむ労働者女性の意識に深く刻印された。このことが、以後の女性労働運動を方向づけることになり、「専業主婦」として生きることを女性自身が肯定的に受け入れることにつながっていく。その詳細は、次章以降で順を追って見ていくことにする。

(10)　エレン・ケイ「婦人解放と母性保護」一〇三、一〇九ページ。ただし、八時間労働の必要性は男性よりも女性のほうが高いとしている。

第4章

つながる女性たち

消費をつくりかえる

ヨセフィーナは多忙な専業主婦だった。ある週のスケジュールはこんな具合である。月曜日の夜は自治体の職員と打ち合わせ。火曜日の夜は「女性クラブ」の会合。水曜日の夜は「女性ギルド」の会合。木曜日の夜は、地域の歯科医療を整備するための交渉に出かけた。

金曜日の夜は珍しく一つも会合がなかったが、夫が「今夜はどこに出かけるの」と尋ねると、彼女はこう答えた。

「そうね、理事会メンバーの一人が四〇歳の誕生日を迎えるから、お祝いに行こうかしら」

「そうか、行っておいで」と夫は言った。「きみは少し外に出る必要があるようだから」

これはまちがいなく皮肉だったが、だからといって彼女の夫はいら立っていたわけではない。彼はきわめて理解のある人物だった。製鉄所で働く労働者で、月給は約一〇〇クローナ。さほど活動的なタイプではないが社会民主党の党員で、当時の多くの男性とは異なり、女性が家の外で活動することに肯定的だった［参考文献33］。

ヨセフィーナは一八八九年生まれ。一〇代後半から女中、病院の清掃員、縫製見習い、ホテルの調理助手などの職を転々としたのち、一九一一年に結婚した。両親の影響で幼い頃から社会的な活動に参加し、社会民主主義女性クラブにも早くから参加していた。

結婚して専業主婦になったのちも女性クラブの活動を続け、消費協同組合の活動にも打ち込んだ。社会をもっとよいものにしたいと、心から望んでいたからだ。もちろん、参政権を求めるデモには欠かさず参加した。子どもは娘が一人だけだが、それで十分だと思っていた。ほかにやることがたくさんあったからだ。

火曜の夜に彼女が参加していた社会民主主義女性クラブは、第3章（六八ページ）で見たとおり女性労働者の組織としてはじまったものだが、一九二〇年代には主婦をめぐる問題にも強い関心を抱くようになっていた。この時期の女性労働者と専業主婦の関係はやや複雑なものだったが、それについてはのちほど確認しよう。

水曜の夜の女性ギルドは、一八九九年に結成された全国消費協同組合連合（ＫＦ）のもと、一九〇六年から各地で設立されていた女性組織である。消費協同組合の店で日々の買い物をするよう、女性たちを勧誘することがギルドの任務だった。ヨセフィーナは精力的に取り組み、一七年間、地元の女性ギルドの会長を務めた。多くの人が組合員になってくれたという。

女性ギルドは、消費協同組合「スヴェンスカ・ヘム」をモデルの一つとして立ちあげられたという説がある。ＫＦがスヴェンスカ・ヘムにおける女性たちの知恵と連帯を目の当たりにし、そのパワーの一部を自らの活動に組み入れることを画策したのではないかというのだ［参考文献29］。

その真偽は不明だが、KFの男性たちが女性たちの力を必要としていたことはまちがいない。当時のKFを率いていたのは、もっぱら男性であった。そもそも女性の組合員はほとんどいなかった。組合員になるのは一家族につき一名と決められていて、基本的には男性が組合員として登録されていた。

女性ギルドを立ちあげることを提唱したのは、一九〇五年にKFの事務局長に就任したマルティン・スンデル（Martin Sundell, 1879～1910）[1]である。彼は協同組合運動の画期的な推進方法を考えるなかで、家庭の消費を担う女性こそが鍵を握っていると確信するに至っていた。

このときスンデルが参考にしたのは、イギリスで一八八三年に発足していた「協同組合女性ギルド（Co-operative Women's Guild）」である。

当時、イギリスの協同組合運動には女性の参加者も増えていたが、社会生活においてもっとも不利な立場に置かれていた労働者階級女性の発言力は、協同組合の内部においても弱かった。こうした女性たちを支援し、ネットワークを強化することが、協同組合運動の本来の目的にとっても、社会における女性の地位向上にとっても重要であると考えた女性リーダーたちが協同組合女性ギルドを立ちあげたのだ。

イギリスの協同組合女性ギルドは、やがて女性参政権運動にも積極的に関与するようになったが、スウェーデンでスンデルが意図していたのは、女性たちに消費協同組合への帰属意識をもたせることだけだった。消費協同組合の一員であるという意識が女性たちに根づけば、競争相手である民間の商店ではなく、消費協同組合の店舗で日々の買い物をするようになるだろうし、組合のさまざまな活動に女性たちを動員することも容易になるだろう、というわけだ。つまり女性たちは、協同組合に利益をもたらす資源とみなされたのである。

スウェーデンにおける「消費協同組合女性ギルド」の第一号は、一九〇六年に、中部の都市エスキルストゥーナで一〇四名の会員とともにスタートした。その後、国内各地に相次いで結成され、

（1）　スンデルはアンナ・ヴィトロックと親しく、スヴェンスカ・ヘムの立ち上げの際には、KFの創設者で初代事務局長でもあったイェルハルド・コック（Gerhard von Koch, 1872～1948）とともに支援に加わっていた。

中西部スンツバル市近郊の村の消費協同組合の店舗（1910年～1930年頃）

一九〇七年には六六のギルドに総勢一六〇〇人の会員がいた。同じ年に、全国の女性ギルドを束ねる「女性ギルド連盟」が結成されている。一九〇九年になると、全国に一二八のギルドがあり、総計四〇〇〇人の会員が活動していた〔参考文献62、75ページ〕。

女性ギルド連盟の会長に任命されたのは、第3章で紹介した「トルフテルナ」にも参加していたアンナ・ヨハンソン・ヴィスボリィ（八八ページ参照）である。

彼女はもともと醸造所の労働者だったが、一九〇一年に醸造労働組合の創設に参加し、すぐに頭角を現した人物だ。女性ギルド連盟の会長に就任した一九〇七年には、醸造労働組合で支部長や理事会メンバーとして活躍するかたわら、ストックホルム市内の女性労働組合の設立にも尽力していた。一九一六年から三〇年間にわたってストックホルム市議会議員を務め、一九二〇年以降は社会民主主義女性連盟の中心人物の一人でもあった。

こうした人物が会長に就いたからには、女性ギルドの活動もさぞ活発になっただろうと思われるところだが、実際はそうでもなかった。

アンナ・ヨハンソン・ヴィスボリィは当時、労働運動の盛り上がりの渦中にいて、ギルドの活動に十分な時間を割くことができなかったようである。そのうえ、ＫＦの事務局長スンデルが一九一〇年に三〇歳の若さで死去すると、女性ギルドに対する期待は一気に萎み、ＫＦ内では不要論もささやかれるようになった。

逆風のなかで女性ギルドの活動を健気に支えたのは、事務局長を務めていたアグネス・ヨンソン（Agenes Jonsson, 1883～1964）だった。地元のエスキルストゥーナで社会民主主義女性クラブの活動に参加していた彼女は、一九〇六年に結成された女性ギルド第一号の創設時からのメンバーでもあり、翌年に女性ギルド連盟が設立された際に初代事務局長に就任している。

女性ギルドに与えられた使命は、女性たちに協同組合の理念を啓発して、消費のあり方を変えることにあった。とはいえ、実際に目指されていたのは、組合員を増やし、店舗の売り上げを向上させることだった。女性たちを集めてコーヒーやお茶の会が催され、合唱や裁縫などのサークルもつくられた。すべては、ほかの店ではなく消費協同組合の店舗で日々の買い物をしてもらうように誘導するためである。

とはいっても、女性たちにとっては、サークルは何よりも交流の場として貴重だった。ギルドに参加していた女性たちの多くを占めていたのは、労働者家庭の主婦たちである。経済的に余裕があるわけではないので、ときどきは臨時の家事手伝いや日雇い仕事をすることもあったが、基本的には家庭内で過ごすことが多かった。

こうした女性たちにとって、ギルドの活動に参加することは、仲間をつくり、日々の悩みを話し合う場を得ることでもあった。その重要性を知っていたからこそ、アグネス・ヨンソンはギルドの活動を維持するために力を尽くしたのだろう。

主婦たちの居場所

女性ギルドは、表向きは独立した組織として設立されたが、実態としては、各地の消費協同組合の監督のもとで活動する下部組織であった。KFの男性たちにとって女性ギルドは、協同組合に忠実な顧客を確保するためのツールであり、会議のときに脇でコーヒーやお菓子の準備をする補助要員でしかない。女性たちの自立的な活動は当初からほとんど無視され、事務局長アグネス・ヨンソンがKFにわずかな支援を要請しても、まともに取り合ってはもらえなかった。

それどころか、女性たちの活動はKFからかなり厳しく管理されていた。たとえば、ある地方の女性ギルドの会合で女性参政権運動への関与が呼びかけられたことがあった。その後まもなく、女性ギルド連盟の事務局から「そのような議論は消費協同組合にとって不必要であるから慎むように」という回状が送られてきたという［参考文献26］。アグネス・ヨンソンはこうした仕事を、忸怩《じくじ》たる思いでこなしていたにちがいない。

それでも、女性たちの多くにとって、ギルドの活動に参加することが大きな喜びとなっていたことはまちがいない。冒頭で紹介したヨセフィーナのエピソードからもそれは伝わってくるが、ほかにも、ある女性が次のように書いている。

ＫＦの年次大会（または半年ごとの大会）では、さほど有益な知見は得られません。男性が率いる各地の消費協同組合が集まって、親交を深めるだけのものです。ですが、幸いなことに私には、自分たちだけの居場所、ギルドがあります。ここでは今、たくさんの学習がおこなわれています。（中略）ギルドでは、私たちは語ることが許されます。たいてい、語られた言葉は、書かれた言葉よりも多くの思考を喚起するものです。何よりも重要なのは、私たちがここで「思考する」ことを学んでいるということ。（中略）私たちが議論しているのは消費組合についてだけではありません。（中略）子育て、禁酒、参政権、衛生、そのほか多くのことを検討しています。〔参考文献62、77ページ〕

この文章は、ＫＦの機関誌として発行されていた『消費者新聞（*Konsumentbladet*）』に一九一四年に掲載された読者からの投書である。

この女性は、女性ギルドを「自分たちだけの居場所」とみなしている。当時、農園や工場といった職場や教区の教会のほかには、女性たちが集まる場はほとんどなかった。各地域に結成された女性ギルドで、女性たちは日常生活について語り合い、ともに思考する仲間を得るという得がたい経験をしたのだ。この女性はその様子を「たくさんの学習がおこなわれています」とも表現している。(2)

ともに語り、思考することを通じて、身近な生活課題から政治や社会問題にまで視野を広げる。ときには、具体的な解決策を考案し、仲間とともにそれを実行に移すこともあった。当時の女性たちにとって、これは何ものにも代えがたい楽しみとなったことだろう。こうした女性ギルドの活動の詳細は、のちにもう少し詳しく見ていくことにしたい。

ところで、第一次世界大戦がはじまっていたこの時期、スウェーデンは中立を貫いていたものの、物資が不足しあらゆる商品の価格が高騰していた。ストックホルム市内で競合していた複数の消費協同組合は、運営の安定化のために一九一六年に統合し、経営難に苦しんでいたスヴェンスカ・ヘムも躊躇の末、一九一七年にここに合流することを決定した。

統合にあたり、スヴェンスカ・ヘムは従来どおり女性によって店舗を運営することを条件として提示したのだが、結局、その約束は果たされなかった。スヴェンスカ・ヘムの店舗を任されていた女性管理職は、新たな組織を率いることになった男性幹部によってあっさりと解雇され、店舗に併設されていた図書館や居心地のよさを追求したインテリアは、店舗運営の合理化の名のもとに姿を消した。スヴェンスカ・ヘムの挑戦は、わずか一一年余りで幕を下ろすことになったのである。

協同家事の構想

女性ギルドが活動を開始した一九〇六年には、もう一つ、女性と家事をめぐる重要な出来事があった。家事の協同化を目指す「コレクティブ・ハウス」が、スウェーデンで初めて建設されたのである。

家事の協同化とは、料理や洗濯、育児などの家事を共同で担うことを指している。そのための手段の一つとして提案されたコレクティブ・ハウスは、これらの家事を各家庭で個別におこなうのではなく、集合住宅の中にセントラルキッチンや共同食堂、洗濯室、集団育児をおこなう保育室などを設置して、複数の家庭の家事をそこに集約するというものだ。

すでに一九世紀初頭、イギリスでロバート・オーウェン（Robert Owen, 1771～1858）がこれに類する計画を立てていた。オーウェンは、環境の改善によって人格形成が促されるという環境

（2）　こうした学習のスタイルは、一九六〇年代後半にアメリカのフェミニスト運動において発展した「コンシャスネス・レイジング（CR）」の手法と重なるものである。スウェーデンでは二〇世紀初頭に禁酒運動のなかで「学習サークル」の活動が盛んになっていたが、これも、参加者が少人数のグループで話し合い思考を深めていくという手法である。

決定論に基づき、子どもの養育のための施設「性格形成学院」を設置したことで知られている。

スコットランドのニューラナークで繊維工場を経営していたオーウェンは、労働者の不摂生や不道徳に困惑し、児童労働の蔓延、そして貧しい労働者の家庭が育児環境として十分ではないことにも心を痛めていた。オーウェンの工場では女性も多く働いており、家事や育児の負担は大きかった。性格形成学院は、子どもたちを適切に整えられた環境で手厚く養育するための施設であると同時に、親たちが労働に集中できるようにするためのものでもあった。

その後オーウェンは、アメリカ・インディアナ州に取得した土地に、自給自足を原則とする共産主義的なコミュニティとして「ニュー・ハーモニー」を建設することを構想するが、その構想には共同のキッチンや保育所、女性のための集会室などが組み入れられていたという。(3) これは実現に至らなかったが、オーウェンに影響を受けた人々が、やがてヨーロッパやアメリカの各地で類似の運動を試みることになる。

他方、オーウェンとほぼ同時代のフランスでは、産業主義を批判するシャルル・フーリエ(Francois Marie Charles Fourier, 1772~1837)が、オーウェンと似た自給自足的な共同体を構想するとともに、女性の権利の拡大を目指して、共同施設を備えた住宅組織「ファランステール(結合住居)」の建設を提唱した。その後、一八五九年にフランスのギーズに開設された「ファミリステール」と呼ばれる集合住宅団地は、フーリエの思想から大きな影響を受けて造られたもので、大規模な厨房でつくった食事を提供する共同食堂、オーウェンの性格形成学院と類似した保育施設などを備えていた。

ヨーロッパにおけるこうした実験的試みは、アメリカでもまもなく知られるようになり、家庭内における女性の地位の向上を目指した家政学者の運動と結びついて、「マテリアル・フェミニズム」と呼ばれる思想を生み出すに至った。女性を取り巻く物的条件、つまり家庭の家事空間を公的空間から切り離さず、家庭経済を公的経済に組み込むことに焦点を当てて、女性たちの置かれていた環境を変えていこうとする考え方である。(4)

こうした思想のもとで登場したのが、「協同家事」のアイデアだ。アメリカにおけるマテリアル・フェミニストの主導者の一人、メルシナ・フェイ・パース（Melusina Fay Peirce, 1836～1923）が、女性の精神的・経済的自立を目指して一八七〇年頃に提唱した。パースの構想は次のようなものである。

女性たちが数十人で協同組合をつくって建物を取得し、そこに大規模な厨房や洗濯室、裁縫室を整備して、それまで組合員が各家庭で担ってきた家事労働のすべてをそこで集約的におこなう。

（３）ドロレス・ハイデン［一九八一＝一九八五］『家事大革命――アメリカの住宅、近隣、都市におけるフェミニスト・デザインの歴史』野口美智子・藤原典子他訳、勁草書房、四一～四五ページ。
（４）前掲書、三ページ。

料理や洗濯などのサービスは、代金引換払いで各家庭に提供される。組合員の多くはそこで働き、労働に対して賃金を受け取る。これにより、家事労働の対価が、夫から妻に間接的に支払われることになる。

個々の家庭内で女性が担ってきた家事労働を、社会的な労働として再編成する(5)というマテリアル・フェミニストの構想は、まもなくヨーロッパにも広まった。主には社会改良家や社会主義運動において受け入れられ、いくつかの都市で、セントラルキッチンや保育室を備えた集合住宅がコレクティブ・ハウスとして建設されるようになる。ただし、その後はアメリカでも他国でも目立った発展は見られなかった。

ヨーロッパで初めてのコレクティブ・ハウスは、一九〇三年にデンマークの首都コペンハーゲンに建設されている。これはセントラルキッチンを備えたものだったが、保育室は造られなかった。スウェーデンでは、一九〇六年に富裕層が多く暮らすストックホルムのエステルマルム地区に建設された「ヘムゴーデン（Hemgården）」が初めての試みとなった。

これは約六〇戸からなる集合住宅で、セントラルキッチン、共同の洗濯室とパン焼き室、セントラルヒーティングを備えていた。コペンハーゲンをモデルとしていたため、保育室は造られていない。セントラルキッチンでは一日三食が提供された。共同食堂で食事をしてもいいし、内線電話で注文してエレベーターで運んでもらうこともできた。

この試みは、当時、新聞や雑誌などでそれなりに注目されていたようだ。女性向け雑誌『イドゥン（*Idun*）』では、早くも一九〇五年九月にヘムゴーデンの建設計画を詳しく紹介する記事を図面付きで掲載したほか、提供される食事のメニューや想定される家賃も紹介している［参考文献22］。ここでの生活を具体的にイメージできるような内容で、入居を検討する人々が熱心にこれを読んだと思われる。

一九〇七年には、ある週刊誌が実際の居住者に情報提供を呼びかけ、それにこたえた読者が次のようなコメントを寄せている。

ヘムゴーデンが私たちの期待にこたえるものであるかどうか、知りたいということですね。もちろん期待どおりです！　些細なことに固執しなければ、ですが。明日の夕食を何にしようかと悩むことがないですし、市場での買い物に時間をかけたり、夕食が遅くなることを心配したりする必要もありません。熱源や調理器具に悩まされることもなくなりました。私たちの建物は事務系の仕事をしている人たちを対象としていて、女性も男性もいます。

（5）マテリアル・フェミニズムの歴史を研究するハイデンは、これを「家事労働の社会化」という用語で表現している。前掲書四、四一七〜四一八ページ。

（中略）長年料理をしてきた女性たちには、当然ながら、料理のソースが薄すぎたり濃すぎたりといったことが気になるようです。また、妻に毎日尽くされてきた既婚男性にとっては不満もあるようです。［参考文献7、156ページ］

この建物を計画したのは、二人の建築家による「株式会社ヘムゴーデン」だった。主な対象は若い労働者女性とされていたが、入居者には独身男性や家族もいたという。斬新な試みではあったが、労働者階級の人々が入居するには家賃もそのほかのコストも割高で、実際のところターゲットとなったのはホワイトカラー業種に従事する中産階級であった。

ヘムゴーデンは新しい暮らし方への期待を集めてスタートしたものの、第一次世界大戦の影響もあって運営は難しかったようだ。建設からわずか八年後の一九

ヘムゴーデンの中庭（1908年）

一四年、予算繰りの問題からセントラルキッチンの業務は停止されることになった。まもなく株式会社へムゴーデンは倒産し、建物は通常のアパートメントに改築されている。(6)

ところで、労働者として働く女性たちは、コレクティブ・ハウスの試みをどのように捉えていたのだろうか。雑誌『朝風』には、一九〇六年から一九〇七年にかけて次のような記事が掲載されている。

共同のキッチンについて、ちょっと考えてみてもよいでしょう。多くの家族が、ここから食事を家に運んでもらうのです。いまは膨大な数の主婦がそれぞれの鍋で手間をかけて食事の用意をしていますが、共同キッチンでは、何人かの女性労働者が一緒に料理をします。また、各世帯にはセントラルヒーティングや電気照明、水道もあります。これにより、主婦は家の中の多くの雑用から解放されるでしょう。さらに、子どもたちのための遊び場もあります。母親が昼間、家事で忙しいときに、適切な子育ての専門家に子どもを預けることができるのです。［参考文献51、８ページ］

---

(6)　以後しばらく、スウェーデンではコレクティブ・ハウスの試みは見られなかったが、一九三〇年代にモダニズムの建築家らによって再び注目を集めることになる。

工業化の時代において、女性を家庭に据え置くことは不可能です。というのは、工場労働に組み込まれた階級にとって、もはや「家庭」は名前だけの存在だからです。家庭の本来の意味は、労働者たちの意識からまもなく消滅するでしょう。（中略）

個々の家族が家事にかけるコストは以前よりも高くなり、実用的ではなくなっています。それに代わって、キッチンと食堂、育児室を共同でもつこと、つまり、協同組合的な家庭をつくって家事を共同でこなすことが現実的な目標になりはじめ、労働者たちの願望を呼び覚ましつつあるのです。［参考文献52、2ページ］

こうした記事が読者にどれほど支持されていたのかは不明だが、女性解放を実現するために、コレクティブ・ハウスの普及に向けて熱心に活動していた女性たちもいたようだ。だが、その熱はすぐに冷めたという。

その理由は、ちょうどこの時期、エレン・ケイによる社会的母性の思想が注目を集めはじめていたことにある。のちほど詳しく確認するが、「適切な環境が整った家庭で愛情深く子どもを育てること」を可能にするような社会改革が、社会民主主義運動の女性たちの目標として定着しつつあったのだ。

とはいっても、女性たちにとって「家事の協同化」という理念の魅力が減じたわけではない。

個々の家庭のなかで取り組んできた家事の負担を、集団の力で少しでも軽減していこうという取り組みは、コレクティブ・ハウス以外にも同時多発的に生じていた。

家事をつくりかえる

先ほど見たように、消費協同組合の女性ギルドでは、女性たちが男性たちから都合のよい期待をかけられながらも、会合を重ねるなかで、消費にとどまらない日常生活の課題を共有するようになっていた。さらに、そこで共有されたさまざまな問題に対して、解決のための活動を展開するギルドもあった。

とりわけ目立ったのが、家事負担の軽減のための施設や設備を共同で設置するといった試みである。そのための資金は、女性たちがつくった手工芸品や焼き菓子などを売るバザーや、音楽やゲームを提供するパーティーなどを開催して集めた。

たとえば、スウェーデン最北部に位置する製材所の村ムンクスンドの女性ギルドでは、いつでも美味しくて新鮮なパンを買える店が欲しいという要望が高まり、四〇〇〇クローナもの資金を集めてベーカリーを開店することに成功した。このギルドでは、電動のマングル（洗濯物の脱水とプレスのためのローラー式装置）を購入し、会員には無料で、非会員からはわずかな使用料をとって提供するといった活動もおこなっている。

家電製品を購入して会員に貸し出す、ミシンを備えた共同の裁縫アトリエを設置する、川べりで苦労して洗濯をしなくてもすむように共同洗濯室をつくるといった取り組みは、全国各地に見られた。各家庭に出向いて家事を手伝うホームヘルパーのサービスを実施する地域もあった［参考文献62］。

全国的に会員が減少傾向にあったなかで、女性ギルド連盟では、事務局長のアグネス・ヨンソンがこうした活動の情報をせっせと集めては全国に発信し、各地の活動支援をおこなっていたのである。

ただし、女性たちのこうした活動は、母体組織である全国消費協同組合連合（ＫＦ）の活動からは切り離されていた。女性ギルド連盟がＫＦからの支援を受けることはほとんどなかったし、ＫＦの運営に女性たちが入り込む余地もほとんどなく、女性にはもっぱら消費者として組合の活動を支えることだけが期待されていたことは、すでに触れたとおりである。女性たちは、消費協同組合運動の枠の外で、日常生活を支える家事の負担を減らすための共同の取り組みをつくり出していたのだ。

やがて第一次世界大戦がはじまり、食品や物資の流通量が減少すると、ＫＦは運営の安定化に向けて大規模な組合の統合を実現させた。他方で女性たちは、生活により密着したところで、この厳しい状況に対処するための方策を生み出した。地域でグループをつくり、食品などの共同購入を開始したのである。女性ギルドの会員を中心に組織されたものもあれば、ギルドとは関係なくできあがったグループもあった〔参考文献29〕。

一九一六年に一部の食品（パンや小麦粉、肉、砂糖、コーヒーなど）について配給制が導入されると、こうしたグループが大きな存在感を発揮することになった。配給制度を統括したのは、同年に政府が設置した「国民家政委員会」で、この委員会に配属された家政学の専門家が各地方に出向いて食糧の配分を調整することになったのだが、このときに委員に協力したのが、食品の共同購入を進めていた女性たちのグループだったのである。

政府から派遣された専門家と地元の女性たちのあいだには協力関係が構築され、このことが、のちに女性

第一次世界大戦中のストックホルム市内で食料品店の前に行列をつくる人々（1914年〜1918年）

たちの活動領域を大きく広げるきっかけになった。

戦時下に立ちあげられた女性たちのグループの多くは、一九一八年に第一次世界大戦が終わって配給制度が廃止されたあとも、それぞれの地元で活動を続けた。こうした動きはまもなく「主婦運動」と総称されるようになり、各地のグループは「主婦協会」と名乗りはじめる。

主婦運動という名称はやや耳慣れないものだが、家庭で家事に従事する女性たちに有益な情報を提供し、連帯感を育んで地域社会への参加を促進しようとする取り組み自体は、一九世紀から欧米各地に見られたものである。第一次世界大戦後のスウェーデンの主婦運動は、フィンランドで一八九九年に結成されていた「マッタ協会」(7)をモデルにしたといわれている。

実は、マッタ協会の活動を参考にしながら主婦運動の組織化に向けて尽力したのは、国民家政委員会で女性による評議会の責任者を務めていたアグネス・インゲルマン（Agnes Ingelman, 1870～1956）だった。戦時下で女性たちがつくりあげた協力体制を、女性たち自身の生活向上と地域貢献のために戦後も活用したいと考えたのである。

政府と近い立場にあった彼女は、社会庁にかけ合って活動のための助成金を得ることに成功し、この助成金によって「スウェーデン主婦協会全国連合」が設立されることになった。全国に存在していた約三〇の女性グループが参加した設立総会は、一九一九年六月に開催されている。

設立総会には社会庁長官も出席して、スピーチをおこなった。また、社会庁の検査官として女性労働者の労働環境調査を担当していたシャスティン・ヘッセルグレンも理事会のメンバーとして参加した。すでに触れたとおり、彼女は二年後の一九二一年に女性として初めて国会議員になった五名のうちの一人である。

各地の主婦協会は、全国連合の全面的な支援を受けて活発に活動した。KFからの管理と干渉のもとにあった初期の女性ギルドと比べると、活動の自由度は飛躍的に向上したといってよい。一九二五年に全国連合が発行した冊子には、初期の活動のうち特に注目された取り組みがいくつか掲載されている［参考文献63、139～140ページ］。これを見ると、主婦協会は単なる交流の場ではなく、女性たちが地域社会で共同の取り組みを進めるためのプラットフォームとして機能していたことがよくわかる。

たとえば、北西部に位置するリュクセレ市の主婦協会は、共同洗濯室の建設を目指した。川や湖畔での洗濯はたいへんな重労働で、女性たちはその負担の軽減を切望していたのだ。資金集めのために自前で宝くじを発行したり、野外パーティーを主催したりしたのち、自治体から土地の寄附を受け、銀行からの借入金も利用して、同時に六人が利用できる洗濯設備とバスルームを備

（7）　ロシア帝国による抑圧に苦しんでいたフィンランドにおいて、家事を担う主婦を支援するために組織された。名称はキリスト教で主婦の守護聖人とされるマルタに由来する。教育者であり女性解放運動の活動家でもあったルシーナ・ハグマン（Lucina Hagman, 1853～1946）が主導した。

えた施設を完成させたという。こうした取り組みに見られる発想と手法は、さきほど見た女性ギルドとほぼ同じである。

いくつかの地域では、主婦協会によって出産専用の施設が造られている。中部の都市ファールンでは、社会民主主義女性クラブと協力して地元の女子家政学校の一室を間借りし、女性が安心して出産に臨める部屋を整えた。先住民族サーメの人々が多く暮らす北極圏の村ポルユスでは、赤十字協会との共同事業として、手狭な住居に暮らす女性が出産前後にゆっくり滞在できる部屋を設置した。

いずれもバザーなどで資金を集めたもので、地元の医師の協力を得ていたという。ほかにも、ベビー服やベビー用品の提供、家電製品などの貸し出し、料理教室の開催などの取り組みが各地から報告されている。

1930年代の集合住宅の共同洗濯室

主婦協会全国連合は、こうした各地の取り組み事例を集約して全国に発信するという任務を主に担っていたが、それと並行して大きなプロジェクトもいくつか手がけていた。その一つは、家事の専門家としてのホームヘルパーの育成事業である。

家庭の主婦が病気になったりしたときに代わりに家事をするというサービスは、女性たちから切望されていた。全国連合は、大学都市ウプサラ市に一八九五年に設置されていた家政専門学校と連携し、この学校にホームヘルパー養成コースを設置した。同時に自治体や国にも働きかけ、自治体予算によってホームヘルパーを制度化することを目指した。

ウプサラ家政専門学校はスウェーデンにおける家政学の中心で、主婦運動とは当初から密なつながりをもっていた。学校の創設者であるイーダ・ノルビィ（Ida Norrby, 1869～1934）は、主婦協会全国連合の創設時から理事を務めている。ウプサラ家政専門学校が一九〇五年から発行していた雑誌『家庭ジャーナル（*Tidskrift för hemmet*）』は彼女が編集していたもので、もともとは家庭科教師向けであったが、やがて主婦運動の機関誌としての役割も果たすようになった。

ちなみに、スウェーデンの義務教育に女子を対象とする家庭科教育が導入されたのは一九世紀末のことで、一八九〇年代にはウプサラのほか、イェテボリやストックホルムにも家庭科教師の養成機関として家政専門学校が設立されている。こうした教育機関において発展した家政学の研究は、主婦運動に協力しただけでなく、二〇世紀半ばに展開した家事の大規模な刷新にも大きく貢献することになった。これについては第5章で見ていく。

さて、主婦協会全国連合の活動に話を戻そう。全国連合のもう一つの主要なプロジェクトは、家庭用品や家電製品の品質テストだ。日本では一九五四年に雑誌『暮らしの手帖』が商品テストを開始したことが知られているが、それとよく似た試みである。(8)

スウェーデンの主婦協会全国連合は、デンマークにおける先行事例を参考にしながら、家政専門学校や国立試験機構と連携して品質テストを実施した。具体的には、製造業者から申請のあった製品について、主婦協会全国連合が家政学校や国の専門家とともに品質をテストし、一定以上の品質が認められれば認証マークを発行するというものである。

だが、全国連合が製造業者に要求する費用が高かったこともあって企業からのテスト申請が集まらず、このプロジェクトはまもなく廃止された。ただし、第5章で見るように、品質テストは、一九四〇年代に別の組織で形を変えて大々的に取り組まれることになる。

「職業としての主婦」

主婦協会による取り組みは、食品の共同購入からスタートし、家電製品の貸し出しや各種の啓発活動などをおこなうようになったという点では、スヴェンスカ・ヘムの活動とかなり似ている。

また、それらの多くは、先に見た女性ギルドの活動ともかなり重なっている。

実のところ、社会民主主義女性クラブや赤十字協会などといったほかの団体も同時期に同じような活動に取り組んでおり、これらの団体の間に協力関係が構築されているケースも少なくなかった。同時に複数の団体に参加する女性も多かったようだ。

とはいっても、主婦協会と女性クラブの間にはそれなりの違いがあった。主婦協会の会員の多くを占めていたのは、女性ギルドと同じく、労働者家庭の主婦である。医者や弁護士、上級将校などを夫にもつブルジョワ家庭の女性はわずかで、工場労働や家政婦などの仕事に就いている労働者女性もまた少なかった［参考文献20、67〜70ページ］。

つまり主婦協会は（女性ギルドもそうだが）、生計を立てるために働かざるを得ない労働者女性を中心に発足した女性クラブとは異なり、二〇世紀初頭から増えはじめた専業主婦たちの居場所という性格が強かった。第2章で見た製材所労働者の妻イネスや、本章の冒頭で見たヨセフィーナのような女性たちである。家庭外で人々と交流する機会がかぎられているうえに、必ずしも

（8）　商品テストは、一九二〇年代のアメリカでもクリスティーン・フレドリック（Christine Frederick, 1883〜1970）によって試みられている。ただし彼女の場合は、これをビジネス上の利益を生むマーケティングの手法として定着させた。ドロレス・ハイデン［一九八一＝一九八五］『家事大革命』野口美智子他訳、勁草書房、三七八〜三八〇ページ。

家事のスキルを十分にもっているわけでもない。主婦協会は、家事負担や家族関係の困りごとを共有し相談できる相手を求めていた女性たちを惹きつけたのだ。

こうした性格であったがゆえに、社会民主主義の理念のもとで政治的課題に取り組んでいた女性クラブからは、「プチブル」的だと批判されることもあったが、それでも、すでに見たとおり各地域では主婦協会と女性クラブとが協力することは珍しくなかった。

これについては、女性史研究者のイボンヌ・ヒルドマン（Yvonne Hirdman）が説得力のある見解を示している。女性クラブのメンバーたちは主婦運動を「政治の外側」にあるものとみなし、それゆえに社会民主主義運動と対立するものではないと都合よく解釈して協力した、というのである［参考文献16、20ページ］。

そして、こうした解釈が浸透したのは、主婦運動が掲げた「目指すべき女性像」が、労働者女性にとっても魅力的だったからにほかならない。

主婦運動は、ともすれば「家事奴隷」になりかねない専業主婦に、そうではない新たな地位、新たな労働形態を与えることを目指した。最新の科学的知見を取り入れて住居や衣類を衛生的に整え、子どもたちを安全に養育し、栄養豊富な食事を提供できる「職業としての主婦」である。それゆえに主婦運動では、各地域における共同プロジェクトの推進と並行して、プロフェッショナルな主婦を育てあげるための教育活動にも力を入れた。

最新の技術を使って効率よく家事をこなし、愛情をもって家族の世話をし、エネルギッシュに地域社会に貢献する、教養ある女性――これが、主婦運動において示された新たな女性の生き方イメージだった。

他方、女性労働運動は、男性と比べて極端に低い給与水準を是正することを目指して政治的な闘争を展開していたが、女性たちは過酷な賃労働を男性と同等に担うことを積極的に望んでいたわけではない。労働条件を全面的に改善すること、そのうえで性別による待遇の違いを是正することを求めていた。加えて、第3章で確認したように、女性が子どもを産み育てる時期には労働から離れ、社会的保護のもとで育児に専念することが望ましいという意見も主流を占めていた。エレン・ケイのいう「社会的母性」に立脚した考え方である。

念のために再度付け加えておくが、ケイは、女性が「産む性」であることを理由として、その労働条件を一律に男性とは異なるものにすべきだと言っていたのではない。彼女が主張したのは、産むか産まないか、働き続けるかそうでないかは個々の女性が自分で決定すべきことであり、子どもを産み育てることを選択した女性がいるならば、それが十全に実行されるよう保護することが社会の重要な責務だということである。

こうした考えが浸透しつつあった女性労働運動にとって、主婦運動が掲げた「職業としての主婦」像は、育児のために家庭外の職場を離脱した女性が、家庭を職場として活躍する姿を肯定的に示すものとして受け入れやすかったのだろう。とりわけ、かつて議論されたユートピア的な協同家事の構想よりも現実的で理解しやすいものだったのではないか、というのがヒルドマンの解釈である。

実際のところは、女性労働運動がのちに追求することになる「社会主義的主婦像」と主婦運動の女性像とは異なる部分もあった。だが、「職業としての主婦」を目指すという点において労働者女性と主婦運動の方向性は概ね一致していたと言ってもよい。そしてこの点が、一九三〇年代以降の「専業主婦の時代」を特徴づけることになった。次章で詳しく確認していこう。

第5章

「国民の家」の専業主婦

専業主婦の時代

スウェーデンで「専業主婦（hemmafru）」という言葉が使用されるようになったのは、一九二〇年代である。専門的な職業に就く「有職女性（yrkeskvinna）」に対置されるものとして、主として家庭内で家事や育児に従事する（つまり、家庭外で職をもたない）既婚女性をこう呼ぶようになったようだ［参考文献8、177ページ］。

家庭で家事に責任を負う女性を意味する「主婦（husmor）」という言葉は以前から使われていたが、「専業主婦」という言葉は、外でフルタイムの仕事をしていないことに力点を置く。それが「有職女性」に対置されるものとして使われはじめたということは、家事・育児を主たる仕事とする女性が、ある種の専門性をもつ存在とみなされるようになったことを意味しているのかもしれない。ちなみに、低賃金の非熟練労働に就く女性は「労働者女性（arbeterska）」と呼ばれ、こちらも有職女性とは明確に区別されていた。

一九三〇年には、賃金労働者である既婚男性の妻のうち、なんと九三パーセントが専業主婦だったという［参考文献58、56～57ページ］。これは驚くべき数字である。

既婚女性全体に占める専業主婦の割合で見ても、一九三〇年の数字は八九・五パーセント、一九四〇年の時点では九〇・一パーセントだった。一九五〇年になると八四・八パーセントとわずかに減少し、一九六〇年には六四・四パーセントになる。いずれにしても高い割合だが、これが一九七五年には二六・一パーセントにまで急減している。[1]

比較のために他国の状況も見ておこう。イギリスでも二〇世紀前半は専業主婦が多く、一九二〇年頃の割合は八割以上に上っていた。アメリカでのピークは一九五〇年頃で、約七五パーセントが専業主婦だった。日本で専業主婦の割合がもっとも高かったのは一九七〇年代半ばだったが、それでも六割程度である。[2]

スウェーデンでは一九一〇年頃に労働力人口に占める農業従事者の割合が半数を下回り、賃金労働者として働く男性が急増していた。それに伴って専業主婦の割合も増えていったわけだが、それにしても、九割が専業主婦という状況はあまりにも極端である。

実は、スウェーデンの統計ではパートタイムの賃金労働に就いていた女性が専業主婦としてカウントされていた可能性があり［参考文献45、207ページ］、国際比較をするうえでは注意が必要なのだが、とはいえ、一九三〇年代から一九五〇年代初めにかけてのスウェーデンの女性にとって、

（1）第1章の**図1**（一七ページ）を参照。
（2）山田昌弘［二〇一三］「男女共同参画は、日本の希望②　大きな時代変化の中で」内閣府『共同参画』五七号、一三ページ。

「主として家事・育児に従事する」という意味での専業主婦が圧倒的に主流の生き方であったことはまちがいない。この時期は、スウェーデンでは「専業主婦の時代」と呼ばれている。

では、なぜこの時期に、こんなにも専業主婦が増えたのだろうか。

まずは、労働運動が力を増したことによって男性労働者の賃金が上昇し、男性の稼ぎだけで家族を養うことがある程度可能になっていたことが挙げられる。他方で、家族を養うことが想定されていなかった女性労働者の賃金は低いままだった。さらに、世帯課税制がとられていたので、妻が働いてある程度の賃金を得てしまうと税負担が上がり、かえって可処分所得が減ることになる。そのため、既婚女性が積極的に家庭外で働くことは抑制されることになった。

また、一九三〇年代の世界恐慌によって多数の失業者が生じたことも、専業主婦の増加を促した。

男性中心の労働運動はもともと女性の労働を歓迎していなかったが、失業率が上昇したことで、賃金の安い女性に職を奪われることへの警戒心がさらに膨らんだ。女性は外で働かず家庭で家事に専念すべきだという考え方は、一九二〇年代から労働運動のなかで広がっていたが、それが労働者文化の一部として定着したのは、失業率が上がった一九三〇年代だった［参考文献45］。他方で、第4章で見たとおり、女性たちには「職業としての主婦」イメージが憧れをもって浸透しはじめていた。

加えて、女中やメイド、家政婦として働く家事労働者の数が急激に減っていったことも、専業主婦の増加を加速させたと考えられている。

かつて、貧しい労働者家庭に生まれた女子は、一〇代半ばを過ぎると工場労働者か家事労働者として仕事をはじめることが多かったが、父親の賃金が上がって生活が比較的安定してくると、娘たちを「磨いたり掃除したりといった、下層階級的な仕事」には就かせたくないと考える親が増えてくる。そこで、義務教育を修了した娘をなんとか上級の学校に進学させ、事務職に就かせることを目指す家庭が出てきたのである。

一九三〇年の時点では、職に就いていた女性の四分の一ほどが家事労働者だった。その数は約一四万五〇〇〇人。それが、一九五〇年には半減している(3)。農家やブルジョワ家庭では、かつてのように家事労働者を確保することが難しくなり、家長の妻や娘が家事を担わなければならなくなった。そうなると、彼女たちには家庭外で仕事をもつ余裕がなくなる。家事労働者になることを避けて事務職に就いた労働者家庭出身の女性たちも、結婚すると仕事を辞めて専業主婦になった。

(3)［参考文献61、19ページ］統計に反映されていない家事労働者も相当数存在していたと推測されるので、実際にはさらに多かったと考えられる。

とはいっても、すでに触れたとおり、統計上で専業主婦と分類される女性のなかには、パートタイムで仕事をしている者が含まれていた可能性がある。ある調査では、厳密な意味での専業主婦は、実はそれほど多くなかったことが示唆されている。

二〇世紀前半に生まれた女性一五〇人が書いた回想録をもとに女性たちのライフコースを分析したこの調査によれば、結婚後まったく賃金労働に就いたことがないという女性は、調査対象者のうち一〇パーセント強にすぎない［参考文献45、206～207ページ］。何人かの例を具体的に見てみよう。

一九三〇年に一九歳で労働者男性と結婚して専業主婦になったリネーア（一九一一年生まれ）は、統計上は「専業主婦」とカウントされる存在だが、実際にはわずかながら賃金労働をおこなっていた［参考文献24］。

彼女は結婚後、二人の子どもを育てながら朝から夜遅くまで家事に追われていたが、子どもが大きくなったら外で働いて、家計に余裕をもたせたいと思っていたという。彼女の住んでいた村には既婚女性が就けるような仕事はなかったが、毎年夏になると、近くの森で苗の植え付けの仕事の募集があった。そうした短期の季節労働には女性ばかりが雇用されており、リネーアもそこで働いてわずかな賃金を得ていた。夫は、それを快く思っていなかったようだ。

また、一九二〇年生まれのセシリアも一九四二年に結婚して専業主婦になった女性だが、彼女は一九五六年から午後だけの仕事（事務職）に就いて家計を補うようになった［参考文献45］。さらに、一九二九年生まれのエルサは、一九四六年に結婚して一旦は専業主婦になったが、二年後には幼い子どもを育てながら工場勤務をはじめている。一九五一年に第二子が生まれたあとは、短時間の掃除の仕事に移った。掃除の仕事には子どもを連れて行くことができたからだ［参考文献45］。

このように、「専業主婦の時代」には、家計の補助のために家事と賃金労働の両方を負担する女性が少なからずいた。同時に、比較的裕福な家庭では、メイドや家政婦が減ったことによって、妻が家事労働を負担しなければならなくなった。これは、いずれの立場からも、家事の合理化、効率化が切実に求められるようになっていたことを意味する。

「国民の家」における女性の役割

「専業主婦の時代」のはじまりとなった一九三〇年代初頭は、スウェーデンの政治が大きな転換点を迎えていた時期でもある。一九三二年に政権に就いた社会民主党は、労働運動が求めてきた年金や失業保険などの社会保障制度を一気に実現させることを目指した。福祉国家建設の本格始動である。それに向けて国民を広く動員するために、社会民主党は「国民の家」というスローガンを準備していた。政権樹立に先立つ一九二八年の国会討議で、社会民主党党首のペール・アルビン・ハンソン（Per Albin Hansson, 1885～1946）が述べた「国民の家」構想は次のような内容だった。

よい家では、誰もが平等で、互いを気遣い、協力し助け合います。これを、国民の家、市民の家で実現しましょう。特権をもつ者と後回しにされる者、支配する者と従属する者、強奪する者と強奪される者とを隔てる、あらゆる社会的・経済的な障壁を打ち壊すのです。

現在のスウェーデン社会は、よい市民の家であるとは言えません。確かに、制度的には平等です。政治的権利においては、みな平等になりました。しかし、この社会はいまだに階級社会で、ごく少数の人が経済を掌握しています。

（中略）

スウェーデン社会をよい市民の家にするには、階級の区別をなくすこと、社会保障を発展させること、経済的な平等を実現すること、労働者が財務管理に参加できるようにすること、民主主義を実現し、それを社会的にも経済的にも現実のものにしていくことが不可欠なのです。

ただし、階級差の克服と経済的な平等を目指すこの「家」において、男女の平等な処遇は志向されていなかった。ハンソンは一九二七年の冬、社会民主主義女性連盟の機関紙となっていた『朝風』に寄稿した記事のなかで、「私たちは、大きな国民の家をつくりあげようとしています。その家を、快適で安らげるものに、心地よく温かいものに、明るく楽しく自由なものにすること。女性にとって、これ以上に魅力的な任務はないはずです」［参考文献53、３ページ］と述べている。(4)

つまり、「国民の家」における女性の役割は、家庭を快適に整えることにあった。女性が男性と同じように家庭外で賃労働に従事すること、女性と男性がともに家事を分担することは想定されていなかったのである。

機能主義住宅と「モダンな主婦」

とはいえ「国民の家」構想は、苦しい生活を余儀なくされていた労働者階級の人々に大きな期待をもって迎えられた。この構想に向けて人々の期待をかき立てる役割を果たしたものの一つは、

（４）ヒルドマンは、ハンソンのこの発言を引用しながら、「国民の家」構想が男性中心主義であり、女性に対する期待が伝統的な性別役割に偏っていたことを指摘している［参考文献17、90ページ］。

一九三〇年に開催されたストックホルム博覧会である。

当時の最先端の産業製品が披露されたこの博覧会は、スウェーデン・デザインの国際的な評価を大きく向上させたことで知られているが、博覧会のために設計された建築群があまりにも奇抜なものだったことから、スウェーデン国民にも強烈なインパクトを与えた。会場内には、軽量鉄骨とガラスを多用したモダニズム建築がずらりと並んでいたのである。多くの人にとって初めて目にする光景だった。

なかでも労働者階級の人々の目を引いたのは、新進気鋭の建築家たちによる実験的なモデル住宅の展示である。郊外の新興住宅地のような体裁でつくられた展示エリアには、小さめの戸建て住宅が一〇棟とテラスハウスが二棟あり、消費協同組合による小さな食料品店もあった。どれも労働者向けに造られた低コスト住宅で、機能的に分けられた間取りに、上下水道や衛生設備、セントラルヒーティングが備えられていた。

モダニズムに徹した空間演出の仕掛人は、この博覧会の責任者であった美術批評家、グレゴール・パウルソン（Gregor Paulsson, 1889~1977）と数名の建築家である。彼らの意図は、労働者階級の人々の生活環境を向上させることにあった。

とりわけ、パウルソンは社会主義に親和的で、資本主義下での自由競争を抑制し、労働のあり方や生活の仕方を変えていくことを志向していた。その実現に向けて、それまでの慣習にこだわらない、シンプルで機能的な住居を低価格で実現することを目指すようになる。ストックホルム博覧会の展示は、その理念を多くの人に知ってもらう格好の機会だった。

彼らは博覧会の翌年、一九三一年に『アクセプテーラ（受け入れよ）』と題した冊子を発行し、理想的な住まいを次のように描写している。

健康によさそうな、日当たりのよい場所にあること。空気がきれいで、家族が暮らすのに十分な広さがあること。家族が眠るための部屋があること。みんなが集える空間があること。できれば、静かに勉強できるコーナーがあるとよい。新鮮な空気に触れることのできる場所もあるとよい。

さらに、使い勝手のよいキッチンと、家事を楽にしてくれる道具、健康を保つための衛生設備も必要だ。［参考文献2、48ページ］

展覧会で展示されたのは、まさにこのように造られた機能主義住宅だった。こうした住まいが実現すれば、家事はもはや重労働ではなくなり、主婦には時間的にも精神的にも大きな余裕が生まれるはずだ。そうすれば、家庭外で賃金労働に就く女性も増えるだろうと彼らは考えた。新しい時代の生活への期待は、こうした具体的なイメージをもって高まっていったのである。

1930年のストックホルム博覧会で展示された機能主義建築

消費協同組合の店舗

労働者向けの戸建て住宅

労働者向けの
テラスハウス

1930年代に建設された機能主義住宅のキッチン。奥に見える食事のためのスペースは寝室を兼ねている

住宅協同組合 HSB によるストックホルム市内の大規模集合住宅（1931年に完成したもの）

その直後に誕生した社会民主党政権が「国民の家」というスローガンのもとで福祉政策を打ち出した際には、このイメージが多くの人に想起されることになったと考えられる。実のところ、「国民の家」構想において、「家」は単に国家の比喩としてだけではなく、住まいとしても重視されていた。国民の生活の拠点となる住宅の改善は、重要な政策課題とみなされていたのである。

社会民主党政権は、早速、住宅状況の調査を開始した。その調査委員会には、パウルソンと親しかった建築家たちが委員として参加している。彼らが提唱したモダンな機能主義住宅は、公営住宅として、あるいは住宅協同組合によって、大量かつ安価に提供されることになり、「国民の家」の住宅政策を特徴づけていった。

こうした住宅の普及は、家事の負担が減ることを意味した。合理的な間取り、家事動線に配慮したシステムキッチン、温水器を備えたバスルーム、地下に設けられた共同の洗濯室には洗濯機と乾燥機が置かれ、長い冬の間はセントラルヒーティングが建物全体を暖める。重労働だった家事は最新の設備や家電製品によって様変わりし、住まいは清潔で快適になった。だがその一方で、パウルソンらが目指したように、女性が家庭外で働く可能性が開かれたわけではなかった。

先ほど確認したように、「国民の家」構想において女性に期待されていた役割は、主婦として家を快適に整えることである。失業率が深刻なまでに上昇していたこの時期、女性が労働市場に進出すれば男性労働者の職がますます奪われるとみなされており、社会民主党の母体であった労働運動は決してそれを望まなかった。既婚女性には、専業主婦でいてもらわなければならなかったのだ。

したがって、「国民の家」における女性は、家事負担の少ないモダニズム住宅に暮らしながらも、空いた時間は家庭外での賃労働ではなく、プロフェッショナルな主婦として家庭生活をより良いものにすることに費やす女性でなければならない。こうした「モダンな主婦」こそ、新しい時代が求めた女性像だった。

人口問題の危機

もう一つ、「国民の家」の実現に向けて重要な鍵を握ったのは、一九三四年に発表された『人口問題の危機』という本である。急激な出生率の低下を受けて、経済学者グンナル・ミュルダール（Gunnar Myrdal, 1898～1987）と、心理学者で家族問題の専門家でもあったアルヴァ・ミュルダール（Alva Myrdal, 1902～1986）の夫婦によって書かれたものだ。

一九一〇年代までは年間一三万人を超えていた出生数は、一九二〇年代に急激に減少し、一九三〇年代初頭には九万人を割るまでに落ち込んだ。第２章で見たとおり、若い世代が子どもの数を抑制するようになったのは、ヒンケ・ベリェグレン（四七ページ参照）らが一九一〇年頃に開始した避妊啓発活動の結果であったと考えられるが、一九三〇年代に入ってからの落ち込みは、世界恐慌によって失業率が悪化したためでもある。経済的な理由から、子どもを産むことを控える人々が増えたのだ。

ミュルダール夫妻はこの著書で、出生率の低下はやがて深刻な労働力不足をもたらし、国内産業における生産力が大きく低下すると警告した。出生率低下の主な原因として夫妻が指摘したのは、子どもを育てる際の経済的負担の重さと劣悪な住環境である。

グンナルは、一九三三年に政府が設置した住宅状況調査委員会に参加し、労働者家族の多くが狭くて不衛生な住居に暮らさざるを得ない状況を熟知していた。当時の集合住宅は部屋数が少なく、家主は子どもの多い家族に部屋を貸すことを避ける傾向があったため、子どもの多い家族はもっとも劣悪な住環境に追いやられていたのである。トイレや浴室のないアパートも多かった。『人口問題の危機』においては、子どものいる家庭への経済支援や住環境の整備などの改革案が数多く示された。そのうち住環境にかかわるものは、一九三五年に提出された住宅状況調査委員会の答申でも繰り返されている。同年には人口問題委員会も設置され、出生率回復のための改革案が次々と提出された。人口問題委員会が出した答申の数は、一九三八年までの三年間で一八本に上る。いくつもの政策が速やかに実現していった。

アルヴァがとくに強調したのは、女性の労働環境を改善することが出生率向上にも資するという点である。彼女が会長を務めていた「有職女性クラブ全国連合」が実施した調査によれば、一九三六年には成人女性の四二パーセントが未婚であり、既婚女性の四〇パーセントは子どもをもっていなかった（**表１**）。(5)

女性の労働条件を改善し、出産後も働き続けられる環境を整えれば、仕事を続けたいと考えている未婚女性が結婚・出産を選択する可能性が高まる。働きながら育児をしているシングルマザーの負担を減らすことにもなる。

だが、アルヴァのこの主張は、多くの男性労働者が失業していたこの時代には実を結ばなかった。女性が労働市場から撤退し、専業主婦になることが失業対策になると考えられていたからだ。とはいえ、一九三九年には結婚や出産を理由に既婚女性を解雇することを禁じる法律が制定された。一歩前進である。

他方で人口問題委員会は、家庭を育児に適したも

表１　子どもをもつ女性／もたない女性の数（1936年）

全女性人口	3,153,400人
15歳以下	725,000人
未婚の成人女性	1,010,000人
既婚女性	1,135,000人
子どもなし	450,000人
子ども１人	300,000人
子ども２人	385,000人
離婚者または死別者	265,000人

有職女性クラブ全国連合による調査結果。『朝風』1936年９月号。［参考文献55、6ページ］

(5)　この調査結果は、『朝風』一九三六年九月号に掲載された。未婚女性がどれくらい子どもを産んでいたかは、この統計では明らかではない。

のへとつくりかえることに注力した。住環境のハード面を改善するだけではない。暮らしの全般を合理的で機能的にすることが、親としての責任を果たすことにつながると考えられた［参考文献17、123ページ］。栄養に配慮した食事をつくり、動きやすい衣服を整え、衛生的に暮らし、子どもに愛情を注ぐ。つまり、家族生活の近代化である。ここでも、プロフェッショナルに家事と育児をこなす「モダンな主婦」が求められたのだ。

住宅供給の促進や母子医療制度といった少子化対策が導入され、啓発活動が進められた結果として、一九三〇年代末には出生数は上昇傾向に転じた。だが、ここで注目しておきたいのは、一九三〇年代は、失業対策の一環として女性の専業主婦化が望まれるとともに、住宅政策においても少子化対策においても「モダンな専業主婦」の育成が目指された時代であったという点である。「専業主婦の時代」は、このようにしてはじまった。だが、政権与党である社会民主党の構成員でもあった社会民主主義女性連盟は、こうした時勢のなかで、労働者女性の組織としての自らの立ち位置をどのように捉えていたのだろうか。

「社会主義的主婦」

結論からいえば、社会民主主義女性連盟は「モダンな主婦」の育成に進んで力を貸した。社会民主主義女性連盟が女性労働運動の前進のためにはじまった組織であることを考えると、なぜそうなったのか理解が難しいところである。そこで、ふたたび女性史研究者ヒルドマンによる整理を借りて、社会民主主義女性連盟の活動方針の変遷を追ってみることにしたい(6)。

第4章で見たとおり、社会民主主義の女性たちは、主婦運動を「プチブル」的だと批判しながらも、そこで掲げられた「職業としての主婦」像には共鳴していた。男性が十分な給与を得られるようになれば、女性はつらい労働から解放され、家庭に戻って「社会でもっとも重要な仕事」である子育てに専念することができるという考え方は根強く、母性の社会的保護、つまり各種の育児支援を積極的に求めていたのである。

一九二〇年代の社会民主主義女性連盟は、職場における処遇改善を求めることよりも、こちらに力を入れていたと言っていい。そして一九三〇年代に入って社会民主党政権が誕生し、「国民の家」構想が掲げられると、彼女たちが求めたこれらの制度は人口問題委員会がしっかりと引き取ってくれた。社会民主主義女性連盟は、「モダンな主婦」に向けた政府の取り組みを歓迎したのである。

とはいえ、当時は失業率が深刻なまでに上昇していた時期でもあり、労働者女性の労働環境は

(6)　以下の記述は、主として［参考文献16、30〜57ページ］に依拠している。

Column アルヴァ・ミュルダール（Alva Myrdal, 1902~1986）

1934年に夫のグンナルとの共著『人口問題の危機』で注目されたアルヴァ・ミュルダールは児童心理学と家族社会学の専門家で、保育制度や義務教育制度の改革にも関与し、モダニズムの建築家と協力してコレクティブ・ハウスの普及にも努めた（111ページの注６参照）。

本書で後述するように女性解放の議論にも深く関与し、専門職女性の組織化や国際的な連帯の形成に尽力する一方で、1940年代末以降は国連やユネスコで要職に就き、その後は駐インド・スウェーデン大使、社会民主党の国会議員を経て、1966年からは国務大臣として軍縮問題を担当、1969年からは宗教大臣も務めた。世界平和を目指し、軍縮を熱心に主張する活動家でもあった。1982年にノーベル平和賞を受賞している。

アルヴァ・ミュルダール

危機的状況になっていた。男性が失業していく一方で、もともと低かった女性労働者の賃金はますます下がり、労働時間も相変わらず長い。生計を立てるために働かなければならない労働者女性にとっては、「モダンな主婦」は憧れの対象にはなっても、現実の目標にはなりえなかった。家事労働を担いながら賃金労働からも逃れられない女性の二重負担の現実に、再び光が当てられることになった。

女性労働者の窮地を救うためには、労働時間を短縮し、給与水準を上げる必要がある。だが、男性労働者の失業対策を優先する社会民主党には、女性の労働条件の改善に取り組む気配がない。そうであれば、職場における処遇改善の代わりに家庭という職場での家事労働の処遇改善を目指すしかないのではないか。「職業としての主婦」という観点に立つならば、職場である家庭においても労働運動の理念が適用されることになる。つまり、労働者女性たちは、労働運動的な手法を用いて、家庭という職場での労働条件を改善することを目指すようになったのである。これは、主婦運動が目指す「ブルジョワ的主婦」像とは異なる。ヒルドマンはこれを、「社会主義的主婦」と名付けている［参考文献18］。

実はアルヴァ・ミュルダールも、一九三四年の『人口問題の危機』において、出生率向上のためには女性の労働環境の改善だけでなく、家事の分担や省力化も重要であるとの考えを示していた。アルヴァは、男女がともに働き、ともに家事を担う新しい家族像と、そうした新しい家族に対して国家が育児支援をおこなうことを提唱していたのだ。

目指すべき道

では、家庭という職場での家事労働の処遇改善はどのようにすれば可能になるのか。

社会民主主義女性連盟の機関誌『朝風』には、一九二九年頃から、男性も女性とともに家事労働に参加するべきだという意見が掲載されるようになった［参考文献54］。それまでには見られなかったものである。だが、いかにして男性の意識を変え、家事への参加を引き出すのか。これは難題だった。労働運動に参加する男性の多くは、職場での連帯には熱心でも、家庭内での連帯に関心を向けることがなかった。

そのようななかで、降って湧いたように別の解決策がやってきた。家事を省力化するための設備を備えた、機能主義住宅である。

モダニストの建築家たちが設計した集合住宅には、上下水道や暖房といった基本的な設備のほか、ごみ処理を容易にするダストシュートや共同の洗濯室が備えられ、保育所も併設されていた。労働者階級向けの安価な機能主義住宅が普及すれば、労働環境としての住まいは快適なものになり、家事労働の時間は短くなる。「自分を高める」ための時間ももてるようになる。社会民主主義女性連盟はこれを熱烈に歓迎し、『朝風』には機能主義住宅のすばらしさを喧伝する記事が多く掲載された。

あわせて、機能性に優れた家庭用品などを紹介するカタログのような記事も増えていった。最新技術を反映した家事の道具は、家庭という職場での労働条件を改善してくれる。さらに、モノを選ぶ眼を鍛えることには、消費を通じて社会主義の実現に貢献するという意味もあった。ここに見られるのは、生産活動の拠点である職場ではなく、家庭こそを社会動態の中心点とみなす考

え方である。(7)

社会主義においては、「生産手段の社会化」（モノの生産に必要な設備や資源を資本家や企業が占有するのではなく、社会全体で共有・管理すること）が変革の中心的な指標とされるが、この時期の社会民主党は「消費を通じて生産手段を社会化すること」を志向していた［参考文献17、95〜96ページ］。

この観点に立つと、「社会主義的主婦」は、消費行動を通じて商品の生産過程に影響を与えることができる存在ということになる。だから、市場に出回る数多くの商品のなかから適切なものを見抜き、それを適切な価格で購入する能力を育成することは、きわめて重要なのである。

ここに至って、女性たちがそれまでとは異なる新しい生き方を思い描く可能性が生まれることになった。つまり、賢い消費の力を身につけるとともに（それは「モダンな主婦」に求められる資質でもあった）、家庭内での家事労働の負担を減らす。それによって、賃金労働と家事労働の二重負担を軽くしていくのである。

（7）　一九三〇年代前半の『朝風』は、まるでカタログのように産業商品を紹介し、読者を消費者として啓発しようとしていた。これは、当時の編集長カイ・アンデション（Kai Andersson, 1897〜1991）の方針である。ヒルドマンはこれを、家庭を経済の起点とみなして社会民主主義運動を展開しようとする試みであったとし、「イデオロギー的挑戦」と呼んでいる［参考文献16、45〜47ページ］。

職場と家庭の両方の課題に対峙しながら進むべき方向を模索してきた労働者女性たちにとって、これは大きな転換点となった。少なくとも理論の上では、目指すべき道が明確に定まったのである。次にすべきことは、その実現に向けて、政治への働きかけを強めることだ。

社会民主主義女性連盟がまず打った手立ては、アルヴァ・ミュルダールを機関誌『朝風』の編集委員に迎えることだった。一九三六年にアルヴァが編集に携わるようになってから、紙面では家庭生活の刷新に向けた啓発のほか、かつてのような政治的議論も全面的に展開されるようになる。

この時期から一九五〇年代にかけて、社会民主主義女性連盟に加盟する全国の女性クラブの数と会員総数は大きく伸びている（**図2**参照）。

労働者女性のための組織が「専業主婦の時代」に規模を一気に拡大したというのは、一見すると奇妙なことだが、第4章の冒頭に登場したヨセフィーナのように、賃金労働にまったく従事し

『朝風』1936年９月号の表紙。「私たちは社会民主党に投票します」「私たちが未来をつくるのです」と書かれている

図２　社会民主主義女性クラブの数と会員数の推移（1920〜1995年）

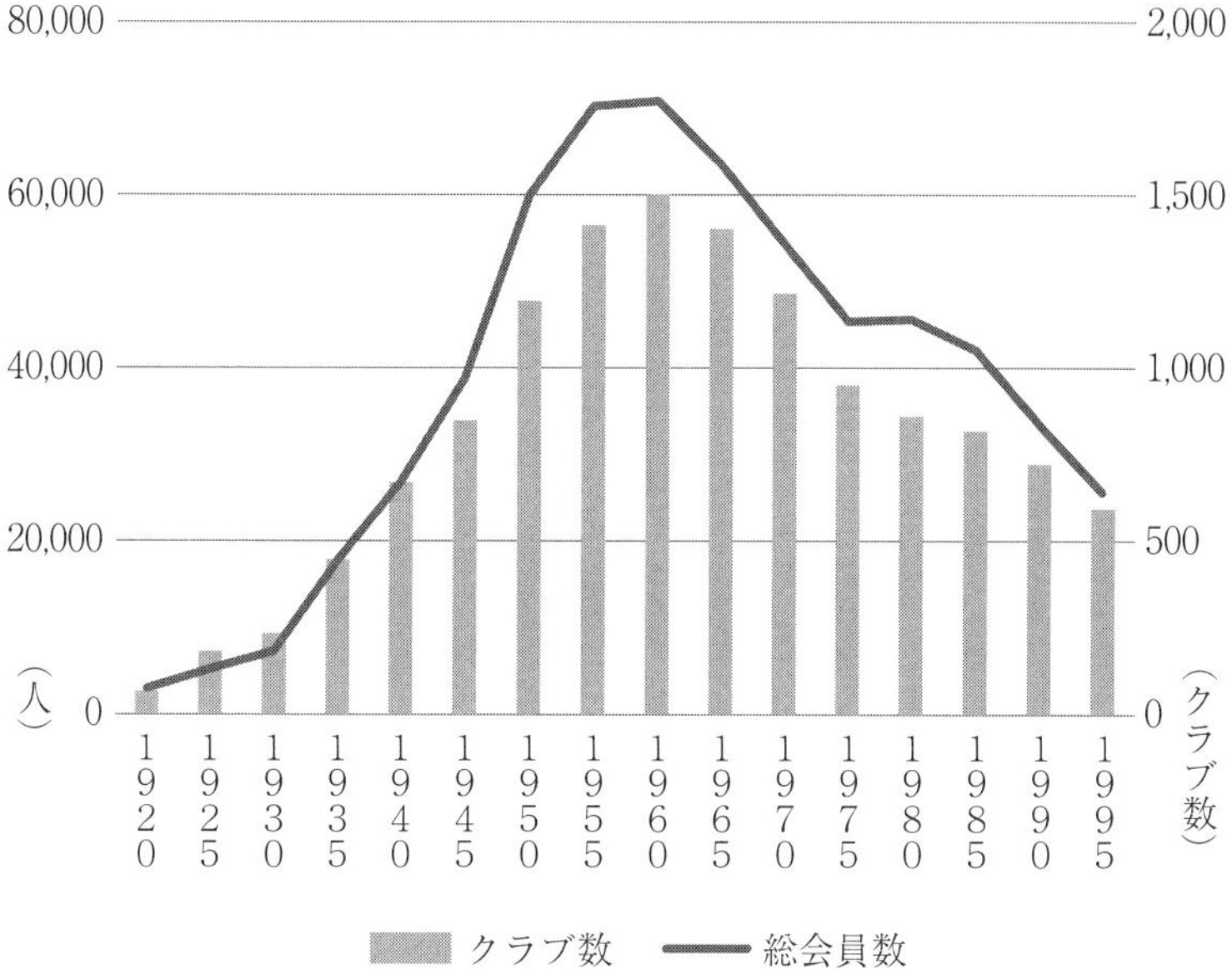

Karlsson, Gunnel (1996) *Från broderskap till systerskap: Det socialdemokratiska kvinnoförbundets kamp för inflytande och makt i SAP*, Lund: Studentlitteratur, s.56より作成。

（注）社会民主党の女性党員は、労働組合の組合員であるケースと、各地域の社会民主主義女性クラブの会員が連盟を通じて入党しているケースとに分かれていたが、1930〜1950年代には女性連盟の会員が全女性党員の３分の１ほどを占めていた。職場ごとの労働組合に加入する女性がいた一方で、地域の女性クラブに入会する女性が一定数いたのは、労働組合における女性の地位が相対的に低かったこと、男性とは異なる労働条件で働く女性が多かったことが理由だと考えられる［参考文献25、53 〜 56ページ］。

ていない専業主婦であっても女性クラブで活発に活動していた例は少なからずあった。つまり、専業主婦と労働者女性は、イデオロギー的には相容れない存在であったにせよ、実際のところは手を携えて同じ目標に向かう仲間だったということだろう。

社会民主主義女性連盟の規模拡大は、社会民主党の内部における女性の存在感を高め、政策への影響力を強めることになった。一九四〇年代以降の社会民主党政権は、児童手当制度や妊娠・出産医療の無償化、子どもの人数に応じた住宅手当など、それまで見られなかったような家族政策を展開していったが、これらは女性連盟による強い働きかけの結果である［参考文献25、229〜230ページ］。

共同戦線

ところで、「モダンな主婦」を育成するための啓発活動は、ほかの団体でも引き続き活発におこなわれていた。たとえば、いち早く女性たちを組織し、家事や消費についての学習を推進していたのは消費協同組合女性ギルドである。

女性ギルド連盟の一九二〇年代の会員数は二〇〇〇人ほどだったが、一九三〇年代末には、ギルド数は三四二、会員総数は約一万一八〇〇人にまで増えた［参考文献1、214ページ］。これは、母体である消費協同組合の規模拡大とも連動している。

ＫＦの店舗である「コンスム」（現在の「coop《コープ》」）は、一九二二年から一九三五年までの間に全国に約二〇〇〇店が開店し、一九三〇年代末には店舗数は四〇〇〇を超えた。ＫＦ加盟組合の組合員総数は一九三〇年代末には約六七万人で、これは当時の全人口の一割を超える数である（8）［参考文献59、88ページ］。組合には世帯単位で加入していたことをふまえると、全人口の半分弱をカバーしていたものと考えられる。

一九三〇年代の女性ギルドでは、少人数で特定のテーマについて議論する「学習サークル」の手法を用いた教育活動が活発におこなわれていた。一九三九年には全国の女性ギルドで三八〇〇以上の学習サークルが開講され、五万二〇〇〇人を超える女性たちが参加したと記録されている［参考文献1、83〜84ページ］。この時期には、ＫＦの中央執行部もこれらの活動に手厚い支援をおこなうようになっていた。

ＫＦでは家事や消費についての啓発・学習活動のほか、一九三七年には食事の実態についての大規模な調査も実施している。担当したのは、ＫＦに調査員として雇用されたカーリン・ボーア

（8）店舗数のピークは一九五五年で、八〇〇〇店近くまで伸びている。ＫＦ加盟組合の組合員総数は、一九五〇年代半ばに一〇〇万人を超えた。二〇二一年時点での組合員は約三五〇万人で［参考文献30］、この数字は、子どもを含むスウェーデン全人口の三分の一を超えている。

ルト（Carin Boalt, 1912～1999）で、全国の消費協同組合員三六八世帯（一一一三人）の食事記録（約二万七〇〇〇件）が分析された。結果は一九三九年発行の『二万七〇〇〇の食事―食習慣の調査』という冊子で報告されている。居住地域、階層、性別、年齢層などによる食習慣の違い、家庭内での食事の分配の仕方、主婦がつくる料理の実態などを明らかにした、前例のない調査だった。

また、主婦運動も一九三〇年代に大きく成長した。一九一九年に主婦協会全国連合が設立されたときには加盟協会は約三〇だったが、一九三〇年代の初めには一〇〇を超えている。一九四四年に二五周年を祝ったときには三四五の協会が加盟しており、約二万八〇〇〇人の会員がいた［参考文献63、138ページ］。

この時期の主婦運動において注目すべき点は、全国連合が会員向けに発行していた会報が「主婦のための業界紙」と銘打たれ、栄養問題や住宅問題、家事の設備、子育ての問題などについて、専門家が書いた記事を多く掲載していたことだ。ウプサラの家政専門学校との連携に見られるように、主婦運動では科学に基づく専門的知識を会員に啓発することが重視されていた。この点は、一九四〇年代に始動する他の団体との共同事業に反映されていくことになる。

一九三〇年代初頭に新たに立ちあげられた女性運動団体もあった。とくに注目すべきは、一九三二年設立の「スウェーデン農村女性連盟」と、一九三一年にストックホルムではじまった「有職女性クラブ」である。

スウェーデン農村女性連盟は、文字どおり農村部に暮らす農民女性たちの組織で、農民政党である農民同盟（一九五七年に「中央党」に名称変更）の女性組織として結成された。農村女性の労働や生活課題を中心に据えて活動する団体はそれまで存在せず、農民同盟の内部でも女性が活動できる余地は小さかった。

農村女性が切実に求めていたことの一つは休暇の取得である。農作業と家事に追われる農家の主婦は、ほぼ働き詰めで、実質的に休める日がない。休みを取るならば、家畜の世話や牛乳絞りなど、毎日やらねばならない作業を代わりに担ってくれる人が必要だ。スウェーデン農村女性連盟の地域支部では、休暇中の仕事を互いに引き受ける協力制度を立ちあげた。また、休暇を過ごすための自前の宿泊施設も運営した。

主婦の休暇の取りにくさは、主婦協会や社会民主主義女性クラブなどでも議論されていた問題である。スウェーデン農村女性連盟の取り組みは、のちに政府の調査委員会からも注目され、主婦休暇のための助成金制度の導入につながった［参考文献64］。

他方、有職女性クラブは、専門職または経営者として働く女性たちの組織である。アメリカで設立された組織に触発された女性たちが一九三一年にストックホルムで立ちあげたことを皮切りに、国内の約三〇の都市に次々とクラブがつくられた。一九三五年に設立された「有職女性クラブ全国連合」の初代会長には、アルヴァ・ミュルダールが就任している。

ジャーナリストとして働く女性も積極的に参加していたため、有職女性クラブの活動は頻繁にメディアに登場し、世論形成に少なからぬ影響力を発揮した。たとえば、一九三九年に結婚を理由とする解雇を禁じる法律ができたのは、有職女性クラブの会合での議論が新聞で報じられたことにより、多くの企業が対応を迫られたことに起因しているという［参考文献65、178ページ］。だが会員数は伸び悩み、一九三九年にミュルダールが会長を辞したことを契機に勢いを失った。

有職女性クラブが活動を開始する以前には、専門職の女性たちは教師、看護師、郵便・電信、事務員など、職域ごとに組織をつくっていた。これらの組織は、フレドリカ・ブレーメル協会の主導で結成された「中央委員会」という団体に加盟して協力関係を築いていたが、一九三四年に連携を強化する方針が固まり、「女性団体協力委員会」が設立されている。

ここで会長を務めたカーリン・コック（Karin Kock, 1891～1976）は経済学者で、のちにスウェーデン初の国務大臣となった人物である。この組織は、翌年に設立された有職女性クラブ全国連合よりも多くの会員を擁していたが、組織形態が不安定であったため、これといった活動ができずにいた。

このように、専門職女性の組織はいずれも運動体としての勢いをやや欠いてはいたのだが、選挙の前には力を発揮した。

たとえば、一九三八年の地方選挙の際には、アルヴァ・ミュルダールが率いる有職女性クラブ全国連合、カーリン・コックが率いる女性団体協力委員会、フレドリカ・ブレーメル協会の三団体が協力して「女性議員増加対策委員会」を組織し、女性議員を多く当選させるために強力なキャンペーンを展開して大いに成果を上げている。

この組織は、一九四〇年の国政選挙の際にも集結した。このときパンフレットの作成を担当したカイ・アンデション（一四七ページの注7参照）は経験豊富なジャーナリストで、一九三〇年代前半には社会民主主義女性連盟の機関誌『朝風』の編集長を務め、「社会主義的主婦」の路線形成に大いに関与した人物である。

さて、さまざまな女性組織と関連人物をずらずらと紹介してきたのは、ここに登場した組織と人物が、一九四〇年以降に国家的規模で展開された家事の刷新事業に直接的にかかわっているからである（二〇三ページの組織関係図を参照）。

そのはじまりは、第二次世界大戦の開戦から九か月後の一九四〇年六月、財務大臣エルンスト・ヴィグフォシュ（Ernst Wigforss, 1881～1977）がカーリン・コックにある任務を命じたことだった。このときコックは、先ほど紹介した女性団体協力委員会の会長を務めていたが、本業はストックホルム大学の助教授だった。

財務大臣はカーリン・コックに、戦時下の物資不足に苦しむ全国の家庭に対して、有効な支援活動を立ちあげるという任務を託した。スウェーデンは戦争には参加していなかったが、物資の不足は深刻で、開戦後まもなく、物価調整のために政府内に価格調整委員会が設置されていた。一九四〇年三月には、第一次世界大戦のときと同じく、食料の一部に配給制が導入されている。

カーリン・コックに任されたのは、価格調整委員会の内部に設置された「家庭啓発部門」の業務である。彼女が最初にしたことは、女性議員増加対策委員会で一緒に活動していたカイ・アンデションとブリータ・オーケルマン（Brita Åkerman, 1906～2006）の二人に協力を依頼することだった。

カイ・アンデションに声をかけたのは、彼女の雑誌編集の経験と高いスキルが、この任務には不可欠だと考えたからである。ブリータ・オーケルマンはこのとき三四歳と若かったが、ジャーナリストとして経験を積んだのちにフレドリカ・ブレーメル協会の事務局職員となり、女性議員増加対策委員会にも参加して事務を取り仕切っていた。新たな任務を進めるうえでの事務的作業を、彼女にならば安心して任せられると考えたのだ［参考文献66］。

さらにカーリン・コックは、家事にかかわる活動をしている諸団体にも協力を依頼した。女性ギルド連盟、主婦協会全国連合、社会民主主義女性連盟、スウェーデン農村女性連盟である。家事の専門家である家政学者や家庭科教師にも声をかけた。こうして、それぞれに背景の異なるいくつもの女性組織が、共同で事業に取り組む基盤がつくられたのである。

戦時下のキャンペーン

コックが目指したのは、専門家の知見を一般の人々にわかりやすく届ける活動だった。「家庭啓発部門」は、設置からまもなく名称を「能動的家事（Aktiv hushållning：以下、ＡＨと略）」に変更した。この名称に込められた正確な意図は不明だが、戦時下の困難な状況を乗り切るために、各家庭の主婦が積極的に家事の効率化と節約に努力することを求めたということだろう。また、コックの立場としては、それまで多くの女性団体がアクティブに積み重ねてきた活動に敬意を表したいという思いがあったのかもしれない。

女性ギルド連盟、主婦協会全国連合、社会民主主義女性連盟、スウェーデン農村女性連盟は、ＡＨの事業に協力するための組織として「主婦合同委員会」を立ちあげた。家庭科教師や家政学者も同様に「家政学者合同委員会」をつくった。この二つの委員会が政府機関であるＡＨに全面的に協力して、全国の家庭への啓発活動を強力に展開していくことになった。

ＡＨの啓発活動は、主として冊子の製作・配布、ラジオ番組を通じておこなわれた。

一九四五年までの六年間で発行された冊子は、全部で一五冊ある。第一号のテーマは「食品保存」であった。初版は二〇万部だったが、のちに何度か増刷されている。その他の号の発行部数は、平均すると約一〇万部。価格はページ数に応じて、〇・一五クローナから〇・七五クローナと幅があった［参考文献66、79ページ］。

ちなみに、当時の女性工場労働者の平均時給は約〇・一七クローナである［参考文献49、113ページ］。政府の印刷物なので無料配布であってもよい気がするが、ＡＨは、有料で販売することによって啓発効果が高まると考えていたようだ。

第二号以降は、洗濯、衣服、家計管理、家庭料理などのテーマが続く。内容は、基本的な家事スキルの解説や料理のレシピ、専門家からの助言、関連する最新ニュース、各地の主婦の取り組みなど幅広いものであった。写真やイラストをふんだんに掲載し、徹底してわかりやすさが追求された。また、読み手で

「能動的家事（AH）」が発行した冊子の一部

ある主婦に対するリスペクトを明確に示しており、女性から女性へのメッセージとして、書き手自身が学びながら語るというスタイルで製作された。

できあがった冊子は各地で販売されたが、内容については新聞各紙でも報道されたり、ＡＨが新聞に寄稿して紹介したりしたので（その数は年間一〇〇本近くに及ぶ）、冊子を買わない人にもある程度の情報は伝わっていたと考えられる。

ラジオでは、毎日午前中に放送されていた「主婦の三〇分」という番組で情報発信をおこなった。毎週さまざまなテーマについて、専門家やＡＨの職員が話をした。各地の女性団体でＡＨの冊子に基づく講習会などが開催される際には、ＡＨから家政学者や家庭科教師が講師として派遣されたりもした。

また、ＡＨが協力団体とともに調査や研究を実施することもあった。家事の実態についての大規模な調査や、子ども服のスタンダードをつくるための研究などがおこなわれた。ソーシャルワークと連携した調査も実施され、貧困家庭の食事や設備についてのルポルタージュを冊子に掲載したり、困りごとを抱える家庭には専門家を派遣して、それを記事にしたりすることもあった。

さらに、全国の主婦を対象とするコンクールも実施されている。たとえば、一九四一年の夏におこなわれた食品保存のキャンペーンでは、すぐれた保存法を競うコンクールが開かれ、一〇〇〇件を超える応募があったという［参考文献66、82ページ］。

この数年間の活動を通じてＡＨが各家庭の家事や消費行動にどれだけの影響を与えたのか、正確に測ることは難しい。だが、ちょっとした家事の手法、たとえばミシンの使い方について、専門家による正確な技術にＡＨの職員が個人的に手を加え、簡素化して伝えたものが、いまでは誰もが知っている家事の知恵として定着していたりする。あるいは、使い込まれた古い冊子が多くの家庭の本棚に収められていたりもする。ＡＨの発した情報が多くの人に届いたことはまちがいないだろう。

また、商品の生産過程にも一定の影響を与えたと考えてよさそうだ。たとえば、ＡＨが提案した子ども服の標準化は、縫製工場で製造される既製服のパターンに反映されている。

第二次世界大戦が終わると、ＡＨの本来の任務も完了した。だが、ＡＨの活動は、その後もしばらく続いている。家事について役立つ情報を発信するという役割が社会から求められていたということだろう。

ＡＨが活動を完全に停止したのは一九五七年である。このときＡＨは、一九四四年に設立されていた「家庭研究所（Hemmens forskningsinstitut：以下、ＨＦＩと略）」の一部門となっていた。ＨＦＩは、政府機関の建物を間借りして研究活動を開始した民間団体である。その設立過程における女性たちのエネルギーは、ＡＨのさらに上を行っていた。

家事の大研究

一九三〇年代以降のスウェーデンでは、政府によるいくつもの大規模調査がおこなわれていた。また、それに基づいて立案された住宅政策や家族政策は、一九四〇年代に入る頃には一定の成果を上げていた。この時期には、調査・研究を通じて課題に対する効果的な解決策を探るということが、政策立案においても商品開発においても一層重視されるようになっていた。

家事の領域においては、すでに見てきたとおり、消費協同組合や労働運動などを通じて日々の困りごとを共有するようになった女性たちが共同で解決の道を探り、さまざまなアイデアを形にしてきた。立場の異なるいくつもの女性団体が、AHのもとで本格的な協力体制を構築し、自分たちのそれまでの活動の成果に確かな手ごたえを感じるに至っていた。そこに参加していた女性たちが、AHの任務であった啓発活動の枠を越え、家事をさらに刷新するための研究活動をはじめようと決意したのは一九四三年の秋のことである。(9)

たとえば、次のようなことを徹底的に研究し、日々の仕事を大幅に刷新したいと考えた。

---

(9)　以下の記述は、主として［参考文献6］、［参考文献67］に依拠している。

・昔から使われてきた料理の道具をもっと使いやすくできないか。
・伝統的な料理法は、科学に基づいてより合理的にできるのではないか。
・キッチン設備の無駄をなくし、効率よく動けるようにしたい。
・既存の機械を家庭用に小型化できたら、労力を大幅に減らせるはずだ。

アイデアを出し合う会議が、ＡＨの協力団体として設置された主婦合同委員会の主導によって何度も開催された。そこには各分野の研究者も招かれ、ニーズの把握の仕方や研究の手法、科学的知見を生活に取り入れる際の難しさなどについて、さまざまな角度から一緒に議論をおこなった。

その成果をとりまとめてＨＦＩ設立の準備にあたったのは、五人の女性である。ＡＨの事業責任者ブリータ・オーケルマン、全国消費協同組合連合（ＫＦ）で大規模な食事実態調査を実施したカーリン・ボーアルト、女性ギルド連盟の事務局長グレタ・ベリィストレーム（Greta Bergström, 1909～1992）、主婦協会全国連合で会員誌の編集をしていたマッタ・デ・ラヴァル（Märta de Laval, 1897～1989）、家政学者グレタ・カストマン（Greta Kastman, 1901～1993）だ。

そもそものきっかけは、新たに建設される集合住宅のキッチンを設計することになった若い建築家が、知り合いだった家政学者のグレタ・カストマンを訪ね、実際のキッチンの使われ方について質問をしたことだった。このとき、国立公衆衛生研究所にも助言を求めたことから、関心をもった研究所長のエルンスト・アブラハムソン（Ernst Abrahamsson）が、研究所の地下に実験用のキッチンを造ることにしたのである。

　この公衆衛生研究所には、かつてカーリン・ボーアルトが助手として勤務していたことがあった。彼女は、ブリータ・オーケルマンの妹でもある。ブリータが責任者を務めていたＡＨに参加していたグレタ・ベリィストレームやマッタ・デ・ラヴァル、そして当の建築家との最初の接点となったグレタ・カストマンも、この実験用キッチンを大きなチャンスとみなした。自分たち自身の研究活動を開始するというアイデアは、この地下キッチンから生まれたのである。

　一九四四年、ともにＡＨの協力団体であった主婦合同委員会と家政学者合同委員会の共同事業としてＨＦＩは設立された。理事会には上記の五人のほか、ＡＨ関係者や家庭科教師、計画の初期段階から熱意をもって協力してきた建築家やエンジニア、研究者たちが名前を連ねた。そのうち四人は男性で、国立公衆衛生研究所の所長であるアブラハムソンもその一人だった。

　大きな課題だったのは、財源をどうするかである。活動場所は、公衆衛生研究所が地下の実験キッチンを提供してくれたが、主婦合同委員会にも家政学者合同委員会にも、活動に必要とされる経費を工面するだけの経済的な余裕はない。

　ちょうどＫＦが家事研究への関心を高めていた頃だったので、まずはＫＦから補助金を得ることができた。さらに、AHの設立を指示した財務大臣ヴィグフォシュが関心を示し、国からの補助金も支給されることになった。さらに、家庭用品などの製造業者からも関心が寄せられ、複数の企業がHFIを支援するための基金をつくってくれた。

ただし、女性たちは、国や企業が理事会に参加してHFIの意思決定に関与することはきっぱりと拒否した。HFIでは、これまで女性たちがそれぞれの団体で積み重ねてきた経験を結集し、自分たちのための研究をおこなうことが何よりも重要とされたのである。

研究活動の責任者には、工学の専門家で、KFにおいて大規模調査の実績があったカーリン・ボーアルトが就任した。家政学者や化学者らも参加した調査チームは、当初は九名、最盛期には二〇名の体制で数々の実験をおこなった［参考文献6、144ページ］。

初期に実施された研究は、①家事にかかる身体負担の計測、②住居内で家事に用いられる空間の調査、③家事に用いられる道具の調査、の三つである。HFIの調査チームは、これらについてかなりの時間をかけて丁寧な調査を実施した。

家事にかかる身体負担の調査では、調査員が酸素ボンベをつないだマスクで口と鼻を覆った状態で一連の家事をおこない、酸素消費量と二酸化炭素算出量からエネルギー消費量を計測している。この調査からは、当時普及していた手動の洗濯機（ハンドルを手で回して洗濯物と水を撹拌する方式）を使うよりも、手で洗濯するほうがエネルギー消費量は少ないことなどが明らかになった。

Column　家事の作業過程を計測

家事の作業過程を詳細に計測するという試みは、他国では以前から実践されていた。アメリカでは1910年代にクリスティーン・フレデリック（121ページの注参照）が、当時流行していたテイラー主義（フレデリック・テイラーが20世紀初頭に提唱した労働者の科学的管理法）を家事労働に援用することを提唱し、それ以後、アメリカの家政学において中心的位置を占める考え方となっている。

さらに、彼女が1913年に著した『新しい家事（*The New Housekeeping*）』は、1922年にドイツ語に翻訳され、政府主導で開始されていた「ドイツ合理化運動」に多大な影響を与えている。この運動のなかで考案された「フランクフルト・キッチン」は、近代のシステムキッチンの先駆けといわれる。日本でも、1920～1930年代の生活改善運動において同様の試みがあった。

家事空間の調査では、主にキッチン設備の効率性が調べられた。キッチンにおける作業動線を徹底的に計測したうえで、キッチンカウンターの適切な高さや面積、配置などが提案されている。ちなみに、ノルウェーで製作された映画『キッチン・ストーリー』（二〇〇三年公開）は、このときに記録された作業動線図の新奇性に着想を得たものである(10)。

(10)　映画『キッチン・ストーリー』は、スウェーデンのHFIがノルウェーに調査団を派遣し、独身男性のキッチン使用の実態を観察調査するという設定で物語が展開する。映画では、調査主任も調査員もすべて男性で、キッチンに背の高い櫓椅子を設置して調査員がそこに座り、終日キッチンを観察して作業動線を記録する様子が描かれているが、いずれも史実とは異なるフィクションである。日本での公開は二〇〇四年。

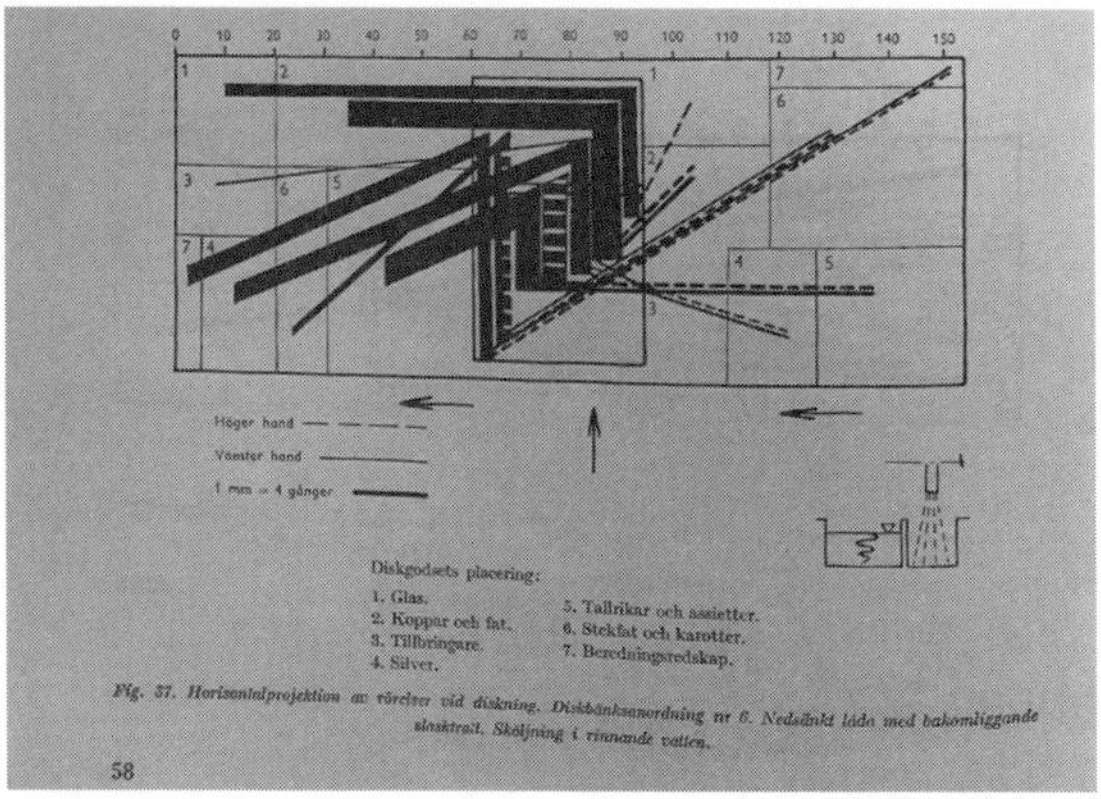

システムキッチンの中央に立った場合に左右の手を伸ばして届く範囲と、収納物ごとの使用頻度を計測し図示したもの

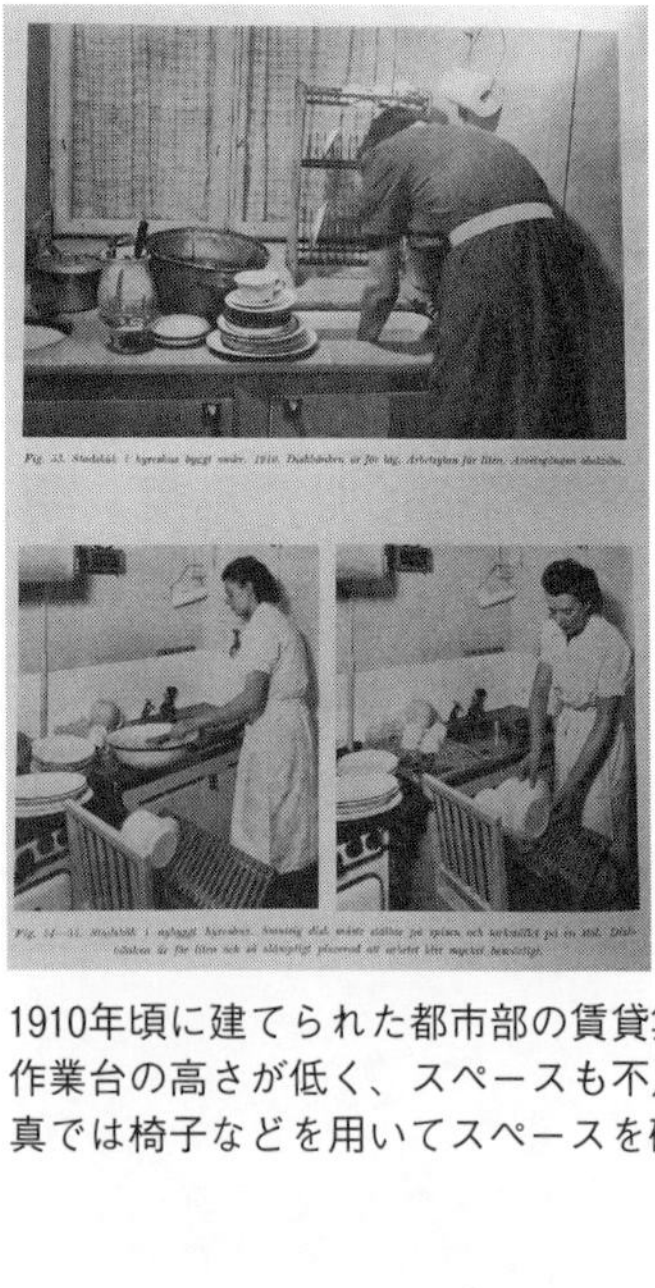

食器洗いにかかる時間の計測の様子（1952年）

1910年頃に建てられた都市部の賃貸集合住宅のキッチン。作業台の高さが低く、スペースも不足している。下の写真では椅子などを用いてスペースを確保している

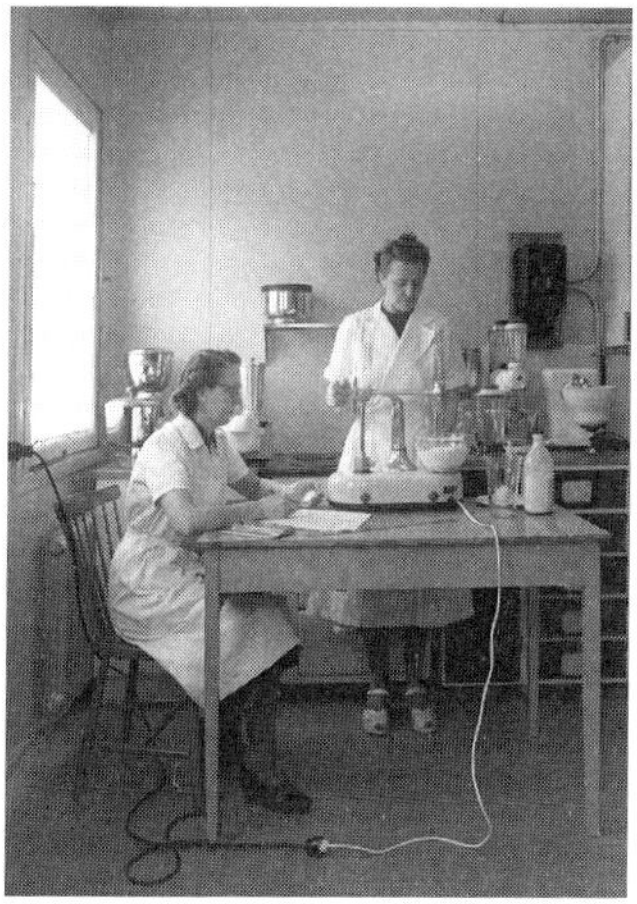

キッチン用品の試用（1950年～1953年頃）

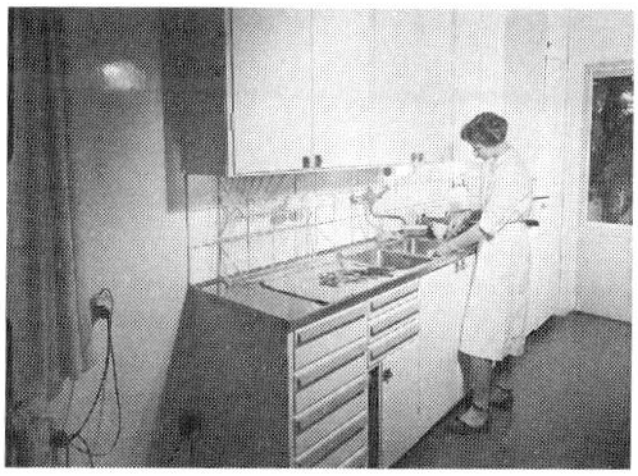

古いタイプのキッチン（上）と新たに開発されたキッチン（下）における食器洗いの比較（1950年）

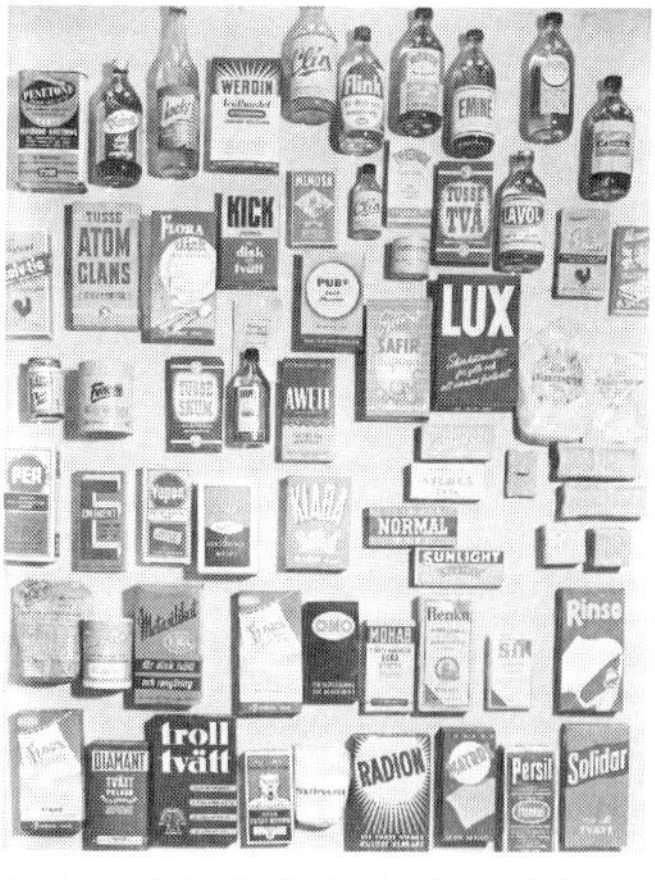

HFIの商品テストで集められた鍋（左）と衣料洗剤（右）（1951年）

道具の調査では、さまざまな料理器具や洗剤などの製品テストが大規模に行われた。市場に出回っているあらゆる商品について、サイズや機能、耐久性などが徹底的に比較調査されている。研究の成果は、調査開始から数年かけて徐々に発表された。途中経過を含めたその詳細は、一九四六年から一九五六年にかけて逐次発行された報告書『HFI通信（*HFI meddelanden*）』に掲載されている。この報告書は、全国の各種女性団体に届けられた。

並行して、新聞やラジオなどでもHFIの研究成果が詳しく報じられた。すでにAHの活動を通じて、とくに女性ジャーナリストたちは家事研究の動向に強い関心をもつようになっていた。そのため、HFIの活動も当初から積極的にメディアで紹介されたのである。

さらに、多くの科学者が調査に参加していたことが、HFIの研究成果が信頼できるものであるという認識を定着させた。HFIには広報担当者が置かれていなかったので、調査チームの個々のメンバーが取材を受け、HFIの活動の詳細とその意義をメディアや教育機関で積極的に紹介した。そこで受けた質問や意見が、調査に活かされることもたびたびあった。

このようななかで、スウェーデン建築家協会や、産業デザインを手がけるスウェーデン・スロイド協会などの専門家組織もHFIの活動を高く評価し、積極的に連携を望むようになった。その結果として、日用品や住宅設備の製造を手がける多くの製造業者がHFIの提案を製品開発に取り入れるようになる。のちに住宅設備の国家標準が形成された際にも、HFIの研究成果が大いに活用されている。

スウェーデンが高度経済成長期に突入した一九五〇年代、一般家庭の収入は増え、多くの人々が生活水準の向上を実感するようになっていた。便利な道具や家庭電化製品が一気に普及するとともに、全国各地で宅地開発が進み、機能的な住環境の整備が大規模に進行した時代だ。生活様式の刷新において、ＨＦＩは大きな役割を果たしたのである。

ところで、女性たちの研究活動は他の組織でも同時に進行していた。なかでもＫＦは、家事の刷新に向けた取り組みを精力的に進めている。ＫＦとＨＦＩはもともと非常に近い関係にあり、協力して調査をおこなうことも少なくなかった。

この文脈におけるＫＦのもっとも大きな功績は、ＨＦＩ設立の前年に立ちあげた「実験キッチン」であろう。ここでの実験をもとにして一九五一年に出版された『私たちの料理本（*Vår kokbok*）』は、スウェーデンでは知らない人がいないほど有名なレシピ集であり、以後に出版された料理本の標準形になったといわれている。

また、ＫＦには、一九五〇年にスウェーデンで

「私たちの料理本」第25版（2009年発行）の表紙

初めてコインランドリーを設置したという功績もある。自動洗濯機はその後まもなく急速に普及していくことになるが、当時は家庭内に洗濯機を持っていた世帯は全体の一二パーセント、集合住宅の共同洗濯室を使用していたのは八パーセントにすぎなかった［参考文献39、76～77ページ］。

もう一つ、KFの構成員であるストックホルム消費協同組合が一九四二年に開発した「主婦体操」も興味深い。ラジオ体操に似たものだが、主な対象とされたのは孤立しがちな主婦であった。定期的に公園などに集まって一緒に体操をすることで、身体的にも精神的にも健康になることが目指されたのだ。この試みはまもなく全国に広がり、一九六〇年代には一〇〇〇か所で開催され、約七万人の参加者がいたという［参考文献14］。

二〇世紀初頭にスヴェンスカ・ヘムがはじめた果敢な挑戦は、さまざまな女性団体に継承され、立場を超えた女性たちの共同事業に至った。女性たちの挑戦は、約半世紀を

ストックホルム市内の公園における主婦体操の様子（1942年）

経て実を結んだといってよいだろう。ＨＦＩはその象徴である。

だが、その勢いは長くは続かなかった。

一九五二年、政府は補助金継続の条件として、ＨＦＩに組織改編を要請した。設立以来の活動が高く評価される一方で、財政基盤がきわめて不安定であることを政府が懸念するようになったのである。ここからＨＦＩは、徐々に形を変えていくことになる。

まずは一九五四年、政府機関の一部であったＡＨがＨＦＩに統合された。一九五七年には、活動内容はそのままに、運営を国に委譲して国立機関となった。ＨＦＩの女性たちは、他に類のない活動をなんとか存続させるために、当初の方針を転換して国に運営を任せる決断をしたのである。このとき、組織の名称も「国立消費問題研究所」に変更されている。

ＨＦＩが男性中心の官僚組織に組み込まれたことで、女性たちの挑戦は終わりを迎えた。ちょうど四〇年前にスヴェンスカ・ヘムが迎えた結末とよく似ている。ＨＦＩを率いたブリータ・オーケルマンは、女性たちの挑戦と成功は「男性によってストップがかけられ」、「長年にわたり男性が主導権と権力を握ってきた場所で、女性が居場所を得ることはできなかった。女性たちは諦めたのだ」と振り返っている［参考文献61、22ページ］。

だが、女性たちの歩みは確実に前に進んでいたといってよい。ジェンダー秩序が大きく転換する一九六〇年代が、まもなくやってくる。

第6章

専業主婦のいない社会

専業主婦の時代の終わり

専業主婦の数は、一九五〇年代に入ってから徐々に減少しはじめていた。つまり、既婚女性が少しずつ労働市場に出ていくようになったのだ。その後、一九六〇年代から一九七〇年代にかけて、さまざまな制度改革が進んで女性の労働を取り巻く環境が大きく変わり、ますます多くの女性が家庭外で職をもつようになった。

一九六〇年代以降の制度改革が実現した要因は、二つあったといわれている［参考文献3］。まずは、第二次世界大戦中に福祉予算を切り詰めて確保していた国防費を、社会保障制度の拡充のために活用する方針が決定したこと。そして、ジェンダー平等を求める声が社会のなかで無視できないほどに高まったことである

当時、急激な経済成長による労働力不足を補うために、フィンランドや東欧、ギリシャなどから多くの移民労働者が集まっていたが、社会福祉サービスの現場での働き手は圧倒的に不足していた。保育や医療、介護などの現場で求められていたのは、国内の女性労働力である。専業主婦を労働市場に送り出すことは、政府にとって重要な課題となった。

だが、女性たちにとっては、家庭外で賃金労働に就くことはさほど魅力的な選択肢であったわ

けではない。女性労働者の賃金は長らく男性よりも低い水準にとどめられ、職種も偏っている。家事や育児を女性の仕事とみなす意識は変わっておらず、女性の負担ばかりが増えるのは受け入れがたかった。

こうした状況に活を入れたのは、またしてもアルヴァ・ミュルダール（第5章参照）であった。第二次世界大戦後、国連での仕事に精力を傾けていた彼女は、一九五七年にイギリスの社会学者ヴィオラ・クライン（Viola Klein, 1908～1973）とともに著書『女性の二つの役割』(1)を発表した。この本で彼女は、既婚女性が家庭でも労働市場でも活躍できるようにするために、女性と男性が家庭での家事と子育てを共同で担うべきだと訴えたのである。

さらに一九六一年には、これを後押しする主張がスウェーデン国内で大いに注目を集めることになった。エヴァ・ムーベリィ（Eva Moberg, 1932～2011）が発表した、「女性解放の条件」と題するエッセイである。

女性が解放されるための条件は、職場においても家庭においても、女性と男性が同様の役割を果たすことだと彼女は主張した。つまり、女性が労働市場に進出するだけでなく、男性が家庭内

(1) 邦訳書は、A・ミュルダール、Y・クライン『女性の二つの役割——家庭と仕事』（大和チドリ・桑原洋子訳、ミネルヴァ書房、一九八五年）。

での労働を担わなければならないというわけだ。彼女は新進気鋭の編集者で、フレドリカ・ブレーメル協会の機関誌で編集長のポストに就いたばかりであった。

「専業主婦の時代」に構築された女性たちの共同戦線の存在をふまえるならば、こうした主張が各地に張りめぐらされたネットワークを通じて急速に広まり、多くの女性に共感をもって受け止められたことは想像に難くない。労働市場におけるジェンダー不平等が改めて問題視されるとともに、家庭内での性別役割や専業主婦という生き方を問い直す気運が次第に高まっていった。

そうした空気のなかで、まずは社会民主党や労働組合中央組織（ＬＯ）の内部で、職場におけるジェンダー平等を実現することの重要性が認識されるようになった。一九六〇年代後半には、社会民主党だけでなく、ほかの多数の政党においても女性の労働を促進するための方策が積極的に議論された。一九三〇年代にアルヴァ・ミュルダールが主張したことが、約三〇年経ってようやく実現されようとしていたのである。

主婦の就労促進策としてまず導入されたのは個人課税制である。一九六五年に、政府が任命した家族税制委員会が、課税の単位を世帯ではなく個人とする制度を提案した。夫婦であっても、それぞれの所得に個別に税金が課されるという方式である。これは一九七一年に実現した。この制度のもとでは、妻は夫に扶養されるのではなく、独立して生計を立てる存在とみなされることになる。これが女性の意識に与えた影響は大きかったといわれている。

折しも、一九六八年に結成された女性団体「グループ・オッタ（Grupp 8）」が、社会のあらゆる面における男女平等を強く主張しはじめていた。女性ジャーナリストらが主導したこの運動は、比較的高学歴の専業主婦から支持された。ミュルダールやムーベリィと同様に、家庭における男女の家事分担を求め、その前提として男女同等の雇用と保育所の大幅な拡充を主張する一方で、女性を性的に搾取することへの怒りを明確に表明し、妊娠・出産をめぐる女性の自己決定権についても活発なキャペーンを実施した。

一九七〇年代以降は、この運動に触発された人々が各地でさまざまな活動を開始した。女性たちの運動の拠点として各地に女性会館や女性教育施設が設立されたほか、ＤＶ被害女性を保護するための民間シェルターや、青少年の性的健康を守

グループ・オッタによる1971年のデモ。保育所の増設と妊娠中絶の権利を主張している

るためのユースクリニックのネットワークが全国に張りめぐらされていったのである。大学でジェンダー研究が活発化したのもこの時期だった。

人々の意識や社会規範は、一九七〇年代に入って目に見えて変わったと言われている。そのなかで、かつて大きな影響力をもった「職業としての主婦」という概念は、もはや現実味を失っていた。一九六九年に主婦協会全国連合が「家庭と社会の主婦協会」へと名称を変更したのは、会員たちのアイデンティティが、家庭を活動の場とする専業主婦から積極的に社会参加を目指す存在へと変化したことの現れと見てよいだろう。

一九七四年には、それまでの母親育児休業制度に代わって、父親の育児休業の取得を促す両親育児休業制度(2)が導入された。そして、翌年の一九七五年には保育所法が制定され、保育所の定員が大幅に拡大した。その現場で働く即戦力として、また、かつての相互扶助に代わって社会サービスを提供する公共セクターの担い手として、さらに多くの女性労働力が求められることになった。

この時期の社会民主党政権の方針は、首相ウーロフ・パルメ(Olof Palme, 1927~1986)の発言から明確に読み取ることができる。パルメは一九七二年の社会民主党大会において、次のように述べた。

図3　スウェーデンにおける女性の労働力率※の推移

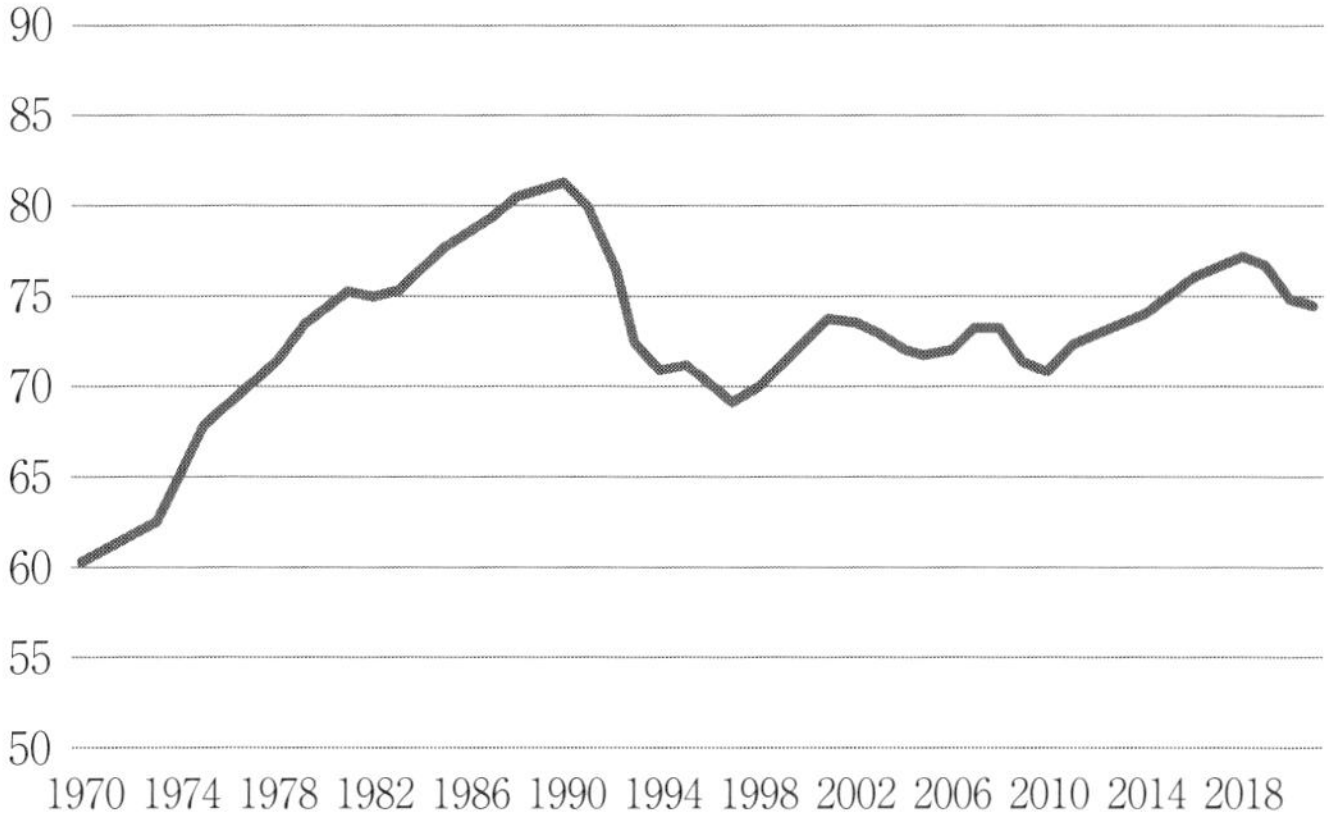

スウェーデン統計局（SCB）の労働力調査より作成。1990年代の労働力率の急落は、経済危機により失業率が記録的に上昇したことによる。

※労働力率＝16歳から64歳の全女性人口に占める就業者と求職者の割合。

平等の原則を適用するならば、女性の生計労働は、家庭内における伝統的な労働分担の変化を導きます。

我々は、女性が専業主婦になることを禁止することはできないし、禁止したいとも思いません。男性が専業主夫になることを禁止することはできないし、禁止したいとも思いません。また、二人の人間が、家庭内で家事や育児の分担の仕方を一緒に決めるのを禁止することはできないし、禁止したいとも思いません。

（2）育児を理由として休業する場合、母親と父親の休業期間の合計一八〇日間までを所得補償の対象とする制度。対象期間は徐々に増え、二〇〇二年には最大四八〇日間になった。

だからといって、女性が労働市場で男性よりも低い賃金で、安全を欠いた環境で働くこと、男性よりも低い水準の教育に甘んじることは、我々の掲げる公正の原則に照らすと適正ではありません。女性が家庭に戻り、誰かに扶養してもらうことは、我々にとって公正ではないのです。我々が望むのは、女性が対等な権利と機会を得ることを阻んでいるものを取り除くことです。我々は、我が国の女性たちのために、真の選択の自由を実現させます。

より自由でより大きな協同へと社会を変えていくための運動に、男性がともに参加することがなかったとしたら、我々は決して求める結果には到達できないでしょう。［参考文献40］

図3に見るとおり、一九七〇年代から一九八〇年代にかけて、女性たちの労働市場への参入は大きく進んだ。女性が職をもつことは当たり前のこととなり、「専業主婦の時代」は完全に幕を閉じたのである。

「働く主婦」のアイデンティティ

こうした大きな変化を、当の女性たちはどのように受け止めていたのだろうか。「専業主婦の時代」に主婦だった女性たちにとって、家庭で家事をこなすこと、家庭外で就業することは、どのような意味をもっていたのだろうか。当時の日常生活についての回想録をもとに、女性たちの思いをひもといてみたい。

第５章にも登場した一九二〇年生まれのセシリアは、比較的裕福な家庭に生まれ、女子学校を卒業して事務職をしていた。一九四二年の結婚を機に仕事を辞め、専業主婦になっている。

専業主婦だった頃について、彼女は「いまどきの働く若いお母さんたちからは、私が子どもや家事にかかりきりだったことは奇妙だと思われるでしょう」と述べている。暖房用のボイラーや料理用の薪ストーブは、燃料を補給するのも手間がかかり、一日中様子を見ている必要があった。洗濯は前日夜に洗濯物を水に浸すことからはじまり、翌朝にお湯を沸かし、洗ってすすいで干すというのは一日がかりの仕事だった。ほかにも、子どもの世話をし、衣服を縫い、パンを焼き、食事の支度をし、掃除をする。

「私たち女性を過酷な仕事から解放してくれるような道具は、まだなかったのです」［参考文献45、205ページ］

こうした家事の負担は、一九五〇年代には徐々に様変わりしていった。一九二三年生まれのアンナグレータは、次のように語っている。

一九五四年のことです。私たちには娘が二人いて、四人家族でした。当時、娘は新生児と六歳。開発途中だった郊外の新築アパートで暮らしていました。そこは近代的な住まいで、冷蔵庫のある暮らしを初めて経験しました。夢のようでした。アパートにはバスルームがあって、蛇口からは直接お湯が出たのです。

そこに引っ越すまでは、地下にある共有のバスルームを使っていました。毎回、薪ストーブでお湯を沸かして、バケツに入れて運んでいたのです。〔参考文献38、107ページ〕

彼女は、買い物が楽になったことについても言及している。


スーパーマーケットが登場して、簡単にすばやく食料を買えるようになりました。食品店に行って品物を籠に入れ、すべてまとめてレジで支払うだけでいいのです。

以前は、まずミルク屋の行列に並び、次にスパイス屋に並び、肉屋、魚屋、八百屋でも並ばなければなりませんでした。主婦の買い物の仕方は、今とはまったく違いました。店は夕方六時までしか開いておらず、日曜祝日は休みでした。〔参考文献38、108ページ〕

この時期、女性たちの多くは生活水準の向上を実感していた。一九三〇年代に「国民の家」政

策の目玉として打ち出された機能主義住宅は、一九五〇年代になってようやく多くの人々の手に届くものになったのだ。すでに触れたとおり、こうした集合住宅の多くは、HFIによる家事動線の研究成果を反映して設計されている。

さらに、冷蔵庫や洗濯機も普及しはじめていた。これらが女性たちの暮らしにもたらした喜びはきわめて大きかった。だが、家事負担が減ったことで主婦たちに時間の余裕ができたかというと、どうもそうではなかったようだ。アンナグレータは、当時のことをこう振り返っている。

近代的な住まいに引っ越して、家事は楽になりました。新しいアパートでは、頻繁に掃除をする必要はなくなりましたから。でも、毎週金曜日にカーペット類（私たちの家では、自分で織った裂き織りマットを使っていました）をきれいにするのが習慣になりました。建物にはカーペットを叩くための場所が二カ所設置されていましたが、金曜には順番待ちができていました。

キッチンもきれいにしたくて、天井まで掃除しました。窓も頻繁に拭きました。どの程度の頻度だったかは覚えていませんが、いまよりもとても多かったのは確かです。「掃除狂い」は止まりませんでした。地下室にある共同の洗濯機の中も、月に一度は掃除していました。

［参考文献38、107ページ］

当時の専業主婦たちが掃除に注いでいた熱意は、一九四五年生まれのアンネの回想録にも示されている。彼女が結婚して専業主婦になったのは一九六四年のことだった。

> 金曜日は掃除の日で、家の中はいつも染み一つない状態でした。両親の家のように散らかっている状態は嫌だったのです。マットを叩き、床を拭きあげ、窓を磨きました。私たちの住まいは街中にあって、路上から飛んでくるほこりが多かったので、完璧な状態にするには窓を頻繁に磨く必要がありました。夫がマットを叩くことも何度かありましたが、ほとんどは私がやりました。［参考文献13、56ページ］

さらに、アンナグレータによれば、衣類のケアにも入念に取り組むことが求められていた。

> 当時、衣類やシーツ類を収納する戸棚は、各家庭の必需品でした。しっかり中身が詰まっていて、手入れの行き届いた戸棚をもつことは、よい主婦であることの条件だったのです。私は枕カバーにフリルをつけたりはしませんでしたが、それをするのが「よくできた主婦」ということになっていて、みんな、互いにそれをチェックしていたのです。
> こうした戸棚は、その中身を自慢するためのものでした。主婦仲間からのチェックを意識

して、タオルの折り方を工夫することで中身がたくさん詰まっているように見せている人もいました。〔参考文献38、108ページ〕

つまり、専業主婦は家事に全力投球するものだという認識が女性たちに共有されていたということだろう。機能的な住まいに備え付けられた設備は、主婦の仕事のある部分を軽減したが、それとともに家事にまつわる規範も刷新された。専業主婦は家事の専門家として、家の中をピカピカにしておかなければならない。新築された集合住宅で家庭生活を送りはじめた主婦は、同じ環境に暮らす他の主婦たちと歩を合わせて、こうした専業主婦の規範を内面化していったのである。(3)

ところで、一九五〇年代においても、大多数の家庭では衣類は家でつくるものとされていた。事務職の男性が着る服は店で買う場合が多かったようだが、子どももと女性の服、シーツやテーブルクロスなどは、ほとんどの家庭において主婦が縫うというのが普通だった。理由は単純で、既製服を買うよりも、材料を購入して自分で作るほうがずっと安くあがったからだ。アンネは次のように書いている。

(3)　ルース・シュウォーツ・コーワンは『お母さんは忙しくなるばかり――家事労働とテクノロジーの社会史』（高橋雄造訳、法政大学出版局、二〇一〇年）のなかで、アメリカにおける同様の変化について述べている。

夫の収入だけでは余裕はありませんでした。家族のすべての衣類は、ようやく買うことができたミシンで私が縫いました。食事も加工品や惣菜は買わず、すべて材料から手づくりしました。私は家にいたので、家事はすべて私の仕事です。夫は毎週金曜に給料を持って帰り、支払いを済ませるのは私の担当。家計はしっかり管理しましたが、それでも、給料日前の木曜の夕食をパンケーキで済ませることも少なくありませんでした。［参考文献13、56ページ］

アンネより二〇歳ほど年長のアンナグレータも、家計のやりくりに苦労したことを書いている。

家計をひと月もたせるには、出費を切り詰める必要がありました。パンはすべて家で焼き、食事はすべて家でつくりました。

（中略）

一人の収入で生活し家賃を払うのは、多くの家庭にとって大変なことでした。私の場合は、友人や知り合いのために縫いものをして、少額でしたが、ありがたい収入を得ることができました。支出を抑えるために、子どもたちと私が着る服も自分で縫いました。［参考文献38、108〜109ページ］

とはいえ、当時は戦後の高度経済成長期で、さまざまな商品が大量に生産され、人々の消費意欲を刺激していた。日常生活を快適にしてくれる便利な道具も次々に登場し、主婦たちの憧れをかき立てていた。アンネによれば、彼女の母の世代の主婦たちが一九五〇年代に欲しがっていたのは次のようなものだった。

一九五〇年代の発展は目覚ましく、みんなが次々に自家用車、テレビ、冷蔵庫、サーモスタット式アイロンを買っていました。私の母は、女性クラブのくじ引きの景品でサーモスタット式アイロンを手に入れました。それを欲しがっていた人は大勢いたので、女性クラブでは、みんながそれを手に入れるまでずっとそのアイロンを景品にしていました。［参考文献13、52ページ］

彼女自身は、一九六〇年代半ばに息子を出産して専業主婦になったとき、まずはハンドミキサーとワッフルメーカーを購入している。その後、中古の洗濯機を兄から買った。

一九五二年に結婚したグンブリット（一九三三年生まれ）が欲しかったものは、冷凍庫、掃除機、ミシンであった。

引っ越した当初は冷凍庫がなく、代わりに、近くの建物内にあった冷凍室をグループで借りていましたが、やがて分割払いで我が家専用の冷蔵冷凍庫を買いました。これでたくさんの食料を買うことができるようになり、週ごとに計画を立てたうえで料理することができるようにもなりました。

収入が増えたからできたのです。掃除機やミシンも分割払いで買いました。雑誌『暮らしのアドバイス（*Råd & Rön*）』を定期購読して、購入するものを選ぶ際の参考にしていました。［参考文献57、92ページ］

彼女が触れている『暮らしのアドバイス』という雑誌は、ＨＦＩが「消費問題研究所」と名称を変更したあとに発行していたもので、第一号は一九五八年に出ている。この雑誌は現在も発行を続けており、品質テストを通じて厳選した商品を消費者目線で紹介するものとして定評がある。こうしたエピソードからも、ＨＦＩの活動成果が日常生活の刷新に大きな影響を与えていたことがうかがえる。

このようにモノが市場に大量に出回り消費が促進されるなかで、家計のやりくりに苦労する主婦たちは、少しでも収入を増やしたいと願っていた。先ほど見たアンナグレータのように、知人のために縫いものをしたり、内職を請け負ったりして小遣い稼ぎをする主婦も少なくなかったようだ。

女性たちにとって、自由になるお金が少ないことがストレスになっていたことは想像に難くない。一九二七年生まれのイェルトルードは、結婚して専業主婦になった二年後、一九四八年に初めて児童手当を受け取ったときのことを、喜びをもって次のように述べている。

――すばらしかったのは、それを母親が受け取ることができたということです。四半期に一度、六五クローナ。それは大きな金額でした。［参考文献45、204ページ］

子どもが成長したのち、多くの主婦が労働市場に出て行ったのは、産業界や政府がそれを求めていたからだけではない。主婦の側も、次第に自身の収入を求めるようになっていった。家事負担を軽減し日常生活を豊かにしてくれる日用品が手に入ると、生活に余裕が生まれ、さらによい暮らしを目指すようになる。アンナグレータは、外で働くことを決意したときのことを次のように語っている。

――一九六〇年代半ばに、私は「働く主婦」になりました。子どもは大きくなり、アパートの手入れも楽になっていたし、夫は家事の分担を嫌がる人ではありませんでした。家族全員、私の挑戦に合意してくれました。毎週金曜日のカーペット叩きの習慣はやめることにして、しょっちゅう窓を磨くのもやめました。店で買うパンも、けっこう美味しいものでした。
私は自分の自由になるお金を稼げたし、家計も飛躍的に楽になりました。車を買うこともできたし、夏を過ごす別荘にお金をかけられるようにもなりました。一九六〇年代の終わりには、セーデルマルム地区の広いアパートに引っ越すことに成功しました。ずっと住みたいと思っていた場所です。娘たちはようやく、それぞれの個室をもつことができました。［参考文献38、110～111ページ］

一九五〇年代から一九六〇年代にかけて、多くの人が快適な住まいを手に入れ、長期休暇も実現した。年金制度や医療制度など、社会サービスも拡充された。総じて生活水準は大きく向上し、人々は豊かさを実感するようになっていた。そのなかで、主婦をとりまく環境も、主婦の意識も、徐々に変化していったのである。

職を得て働きはじめたことは、女性たちの自己意識にも少なからぬ影響を及ぼした。アンナグレータは、専業主婦だったときのことを「家で赤ん坊の面倒を見たり、小さい子どもの成長を見守ったりすることができた時間はすばらしいものでした」と語っているが、職に就いたあとは、責任ある仕事にエネルギーを注ぐことに心から満足したという［参考文献38、109、111ページ］。

他方、イェルトルードは専業主婦としての暮らしになじむことができず、子どもの世話を母親に任せて働きはじめた。

（子どもが生まれたばかりのころは十分な睡眠がとれなかったので）その後、主婦だった時期が、実際よりも悪い思い出として記憶されることになりました。私は疲れ切っていて、自分の生活に満足できず、孤独を感じていました。使えるお金はわずかで、家事をするのも嫌でした。〔参考文献45、204ページ〕

もちろん、結婚後も専業主婦にならず、フルタイムの仕事を続けていた女性もいる。雑誌『暮らしのアドバイス』を参考にしていたグンブリットもその一人だ。「私は、良い母、良い主婦であることと、フルタイムの仕事を両立することに意欲を燃やしていました」〔参考文献57、91ページ〕と述べている。

彼女は一九五三年から一九六六年にかけて四人の子どもを産んだが、育児休業期間を除いて仕事を離れたことはなく、夫婦ともに収入を得ることを重視していた。育児休業中は、自分の子どもの世話をするついでに「保育ママ」として近所の子どもを預かり、収入の足しにしていたという。一九五七年に戸建ての住宅を購入し、一九六六年に初めての車を買っている。

当時、保育所はまったく足りていなかった。そのためグンブリットは、育児休業を終えて仕事に復帰したあとはベビーシッターを雇った。

当時、ベビーシッターを雇うことは難しくありませんでした。私たちは賢い女の子を雇いました。保育士や看護師といった仕事を目指す若い女の子たちで、資格を得るためには一年間、子どものいる家庭で実習をする必要があったのです。私の給料はほとんどが家事手伝いの支払いに充てていました。［参考文献57、91ページ］

彼女がそこまでして仕事を続けることにこだわったのは、収入のためだけではなかった。彼女にとって大事だったのは、「いろいろな仕事を通じて、自分を向上させる機会を得られる」［参考文献57、96ページ］ことだったという。

こうしたことについては、複数の女性が触れている。

一九二三年生まれのエルサは、テキスタイル工場で働いていた一七歳のときに思いがけず妊娠し、結婚して専業主婦になった女性だ。子どもが小さい頃は、子連れでもできる掃除の仕事などでわずかな収入を得ていたが、子どもの手が離れたのち、たまたま事務職の仕事を得た。

初めての事務仕事で、「最初は結構心配でしたが、そこで仕事をした時期は、それまでになくすばらしいものでした。自分を肯定的にとらえられるようになり、自信が増しました」［参考文献45、203ページ］と語っている。

一九四〇年代の家事の苦労について語っていたセシリアも、一九六〇年にパートタイムで学校事務の仕事をはじめた。それ以前には、主婦仲間と一緒に縫いものをしながら女性の問題について語り合うのを楽しみとしていたが、本当のところは、それよりも結婚前のように仕事をすることを望んでいたのだという。

学校事務の仕事をやってみると、さらに学びたいという意欲が芽生え、夜間高校に入学することを決意した。家族に迷惑をかけないように苦労して家事と勉学を両立し、三年の課程を終えたときに「ようやく何かを成しとげたという気持ち」になったと語っている［参考文献45、214ページ］。

一九三五年に専業主婦になったマリア（一九一三年生まれ）の場合は、一九五〇年代末に職業訓練コースに入学し、四七歳で就職した。「主婦だった時期は自分の収入がなくて辛かった」と言い、職業訓練コースで学んだことが「自己肯定感を高めるための基礎」になったと語っている。「私は何らかの地位が欲しかったわけではありません。自由になりたかったのです。そして、いろんな仕事を試してみたかったのです」［参考文献45、208〜209ページ］というマリアの言葉は、家庭の外で自分の可能性を追求しようとした当時の多くの女性たちの思いを代弁するものといえるかもしれない。

家庭内での家事の分担も、徐々に実現の兆しを見せていた。

たとえば、一九六〇年代の初めにアンネの母が仕事をはじめたとき、家事は子どもたちで分担することにしたという。兄は料理を、アンネは洗濯を担当し、幼い妹の面倒は二人で見た。だが、父親は家事には参加していない［参考文献13］。

ずっとフルタイムで働いていたグンブリットの場合も、「夫は家ではよく手伝ってくれましたが、家事と育児の責任は私にあるとみなされていました」と語っている。そして彼女は、やがて「男女の平等の問題を、差し迫った課題として考えるように」なっていく［参考文献57、92ページ］。

女性たちは家庭の外に出て自己実現を果たしつつあったが、家事は相変わらず女性の責任とされていた。家庭外での労働と家庭内での家事労働の時間をあわせると、総労働時間はあまりにも長い。彼女たちは仕事からの帰り道、買い物袋を手に提げながら、自分たちがいまだにどれほど無力であるかを実感していた［参考文献61、22ページ］。

一九六〇年代末、ジェンダー平等を求める女性たちの運動は加速し、社会に大きな旋風を巻き起こしつつあった。そして、一九七〇年代に入って、それはさらなる制度改革の追い風になっていく。

なかでも、一九七一年に世帯課税制が廃止されて個人課税制が導入されたことは、一つの画期となった。収入の多寡にかかわらず、妻の個人としての収入に対して税が課されるようになったことで、妻はもはや夫に経済的に依存する存在ではないということが人々に意識されるようになる。スウェーデンのジェンダー平等は、制度のうえでも意識のうえでも、そこから一気に推し進められていった。

女性たちの連帯

第1章でも触れたとおり、家事合理化の運動や専業主婦の増加といった現象は、多かれ少なかれ他国でも見られた。それらは一見するとよく似ているが、違うところもある。

たとえば、日本の場合、国家主導ではじまった生活改善運動が、家庭における性別役割を強固に定着させることになった。アメリカでは家政学と産業界が手を取り合って家事の商品化を進めたが、そこでの家事技術はフルタイムの専業主婦を前提としており、家事労働の総量を減らすものにはならなかった。またドイツでは、建築家やデザイナーによって進められた合理化運動の一環として家事の合理化も進んだが、女性たちがそこに参加して自らの生活を刷新する動きには至らなかった。

これらと照らし合わせながらスウェーデンでの家事研究の展開を振り返ると、二〇世紀初頭から受け継がれてきた女性たちの協同性が大きなプレゼンスを示していることに気づく。

専業主婦という生き方は、一九三〇年代に社会民主党政権が打ち出した「国民の家」構想において強力に奨励されたものである。失業対策の一環として女性が労働市場から撤退することが望まれるとともに、住宅政策においても少子化対策においても、女性が家庭にとどまり、家事や育児を賢く切り回し、国民生活の近代化の担い手となることが期待された。

だが、同時にそれは、さまざまな運動に関与する女性たち自身が、自らの経験に立脚しながら追求してきた生き方でもあった。そこには、階級の垣根や立場の違いを超えた交流と連帯があった。

家事の合理化に取り組む女性たちの運動は政策と同調し、一九四〇年代にかけて、さまざまな啓発活動が女性たちの手によって大規模に展開されるようになっていく。その動きは第二次世界大戦下でピークに達し、ＨＦＩではテイラー主義的な科学的管理の手法に基づく家事研究が精力的に進められた。そしてその成果は、住宅政策や消費の啓発を通じて広く国内に普及し、多くの家庭の日常生活をつくりかえていくことになる。

これを、女性たちの熱意が国家に都合よく利用されたと解釈することもできるかもしれない。だが、果たしてそうだろうか。

プライベートな家庭生活の内実に国家が関心をもち、そのあり方を方向づけようとすることは、「一面からいえば、国家による国民の日常生活にたいする介入・干渉」(4)である。だが、女性史学者の小山静子が日本の生活改善運動を分析したうえで指摘しているように、国民もまた新たな生活様式を模索し、その方向性が国家の掲げるものと合致したからこそ、そうした生活のモデルは力をもつことになった。

これは、家庭生活の主な担い手としての女性の能力が国家へと吸収されることで、女性が国民として統合されていったことを意味する。このことは、女性に対する抑圧性を分厚く内包しながらも、女性を主体として立ちあげ、国民としての地位を一歩前進させたものとして歴史的な意義をもつと小山は指摘している(5)。

では、その一歩ののちに、いまだ女性を取り巻く分厚い抑圧を取り除く道はどのように開かれるのだろうか。

本書で描いてきたスウェーデンの女性たちの取り組みから考えるならば、その鍵は、抑圧のなかにありながらも、そこで力を蓄え、次なる前進の機会を手繰りよせることができるかどうかにあるといえるかもしれない。そして、その力を蓄えるには、協同的なネットワークをつくり、抑圧に抗する自治的な生き方をそこで育んでいくことが必要なのではないだろうか。

(4)　小山静子［一九九九］『家庭の生成と女性の国民化』勁草書房、二六二ページ。
(5)　前掲書、二六五〜二六六ページ、小山静子［一九九一／二〇二二］『良妻賢母という規範』勁草書房、二三七ページ。

デザイン史研究者の柏木博は、第二次世界大戦下のイギリスにおいて、家庭内における食料の備蓄が国家の持久力にかかわる重要な課題として認識され、政府がその方法を主婦に向けて細かく指導するとともに、流通の管理については各地域における組織の主体的な取り組みを奨励していたことに触れながら、こうした共同性の論理が、かつてマテリアル・フェミニストらが提唱した協同家事の構想と似ていることを指摘している。[6]

柏木はここに「近代の論理」の一面を見いだしているのだが、他方でこの類似性は、家庭を私的領域として孤立させず、協同性のなかへと拓いていく契機を示唆しているようにも思われる。マテリアル・フェミニズムの本家であるアメリカでは、政府による戸建て住宅の奨励と消費主義のもとで協同家事の構想は忘れ去られてしまったが、[7] スウェーデンでは戦時下に形成された女性たちの協同的なネットワークが戦後も自治的に継続し、国家が戦後の経済成長期に女性労働力を欲した際に力を発揮することになった。その結果として、画期的な制度改革と、人々の意識改革が導かれたといえる。協同的な組織のもとで、「家事労働の社会化」への志向が受け継がれていたということかもしれない。

現在のスウェーデンでは、男性が家事をするのは当たり前のことになっている。平日の昼間に街を歩けば、ベビーカーを押す若い父親の姿が必ずと言っていいほど目に入るし、スウェーデン人の友人宅を訪ねると、料理上手のお父さんがいつも腕を振るってくれる。家事の分担がすべての家庭でうまくいっているわけではないが、家事は女性の仕事であると明言する人が少数派であることはまちがいない。一〇〇年前とは大違いである。

この一〇〇年のあいだに何があったのかを確かめるために、本書では女性たちの暮らしぶりの変化を追ってきた。一九七〇年代以降の状況を解説する本や記事はすでにいくつもあるので、本書では思い切って割愛し、女性の社会進出を後押しする制度改革が実現する前の時代に焦点を当てた。

家政学やフェミニズムの研究で何度も指摘されてきたように、私的領域とされる家庭生活と、公的領域でおこなわれる政治や経済、その他の社会的活動は明確に切り分けられるものではなく、複雑に入り組んだ関係をもっている。近代を生きた女性たちの多くは、自らの経験からそれをよくわかっていたはずだ。だからこそ、参政権獲得のために闘ってきた女性たちは、ほかならぬ食料品店を立ちあげたのである。

本書の冒頭で見たスヴェンスカ・ヘムは、安全で手頃な価格の食料品の販売から、惣菜（加工

（6）柏木博［一九九五／二〇一五］『家事の政治学』岩波現代文庫、二〇二ページ。
（7）ドロレス・ハイデン［一九八一＝一九八五］『家事大革命』野口美智子他訳、勁草書房。

食品）の販売、掃除機（家電製品）の貸し出し、レシピの配布、雑誌の発行、図書館の設置などによる啓発活動へと活動の幅を広げていった。ゆとりのある暮らしをしているか、ぎりぎりで生計を立てているかにかかわらず、家庭をもつ女性たちが共通してそれらを必要としていたからだ。その共通性は、たとえば、さまざまな立場の女性たちが参加したトルフテルナの活動を通じて確認されていたのだろう。

スヴェンスカ・ヘムが女性だけによる運営にこだわったのは、女性が自信をもって自分たちの能力を社会にアピールできるようにするためだった。協同組合の形をとっていたのは、生きていくのに不可欠な食料が弱い立場の人々のもとに届かない状況を生み出したのが、社会を覆い尽くそうとしていた資本主義システムであることを見抜いていたからだ。

女性たちは日々の生活のために、店で食料を購入し、家庭で家事をする。そうした営みの細部を変えていくことが、やがて社会の大きな変化につながると確信していたからこそ、彼女たちはスヴェンスカ・ヘムの活動に心血を注いだ。

家事に向き合うことは、生産と消費をめぐる問題、それを取り巻く経済や政治、社会のあり方を、自らの生活に直結するものとして問い直すことにつながる。女性たちは多様な活動を通じて仲間をつくり、ともに学び、楽しみながら、日々の負担を軽減するために知恵を出し合い、資金を集めてアイデアを実行に移してきた。

さまざまな立場の女性たちがこのようにして各地で積みあげてきた協同的な活動は、やがて、社会において無視できないほどの存在感を発揮するようになった。スウェーデンにおいてジェンダー平等への取り組みが進んだのは、女性運動の組織率が高く、その影響力が大きかったからだという指摘があるが、(8) それはきっと正しいだろう。

不平等や差別はいまなお残り、それに向けた闘いはなかなか終わらない。だが、ローカルな生活の場に立脚する協同的で自治的なネットワークが、その闘いのための武器となる。二〇世紀後半にいくつもの運動が成果を上げるなかで、女性たちは連帯に対する信頼を深めてきたのであろう。

スウェーデンにおいて平等に向けたさまざまな動きが絶えず生まれているのは、自分たちの手で制度や規範を変えていけるという希望が共有されているからである。それは、社会への信頼とでもいうべきものだ。そして、そうした社会への信頼もまた、長い年月をかけて人々が自らつくりあげてきたものなのである。

---

(8)　今井小の実［二〇一六］「ケアの社会化・ジェンダー平等化と福祉国家―スウェーデンの歴史から何を学ぶか」『季刊社会保障研究』五一巻三・四号、田中裕美子［一九九七］「労働力の女性化と性別役割分業――スウェーデンの事例による一考察」同志社人文研究所『社会科学』五八号など。ただし、これらの研究は、一九六〇年代以降の変化の背景に女性運動の影響力があったことを強調してはいるものの、その内実を考察することはしていない。

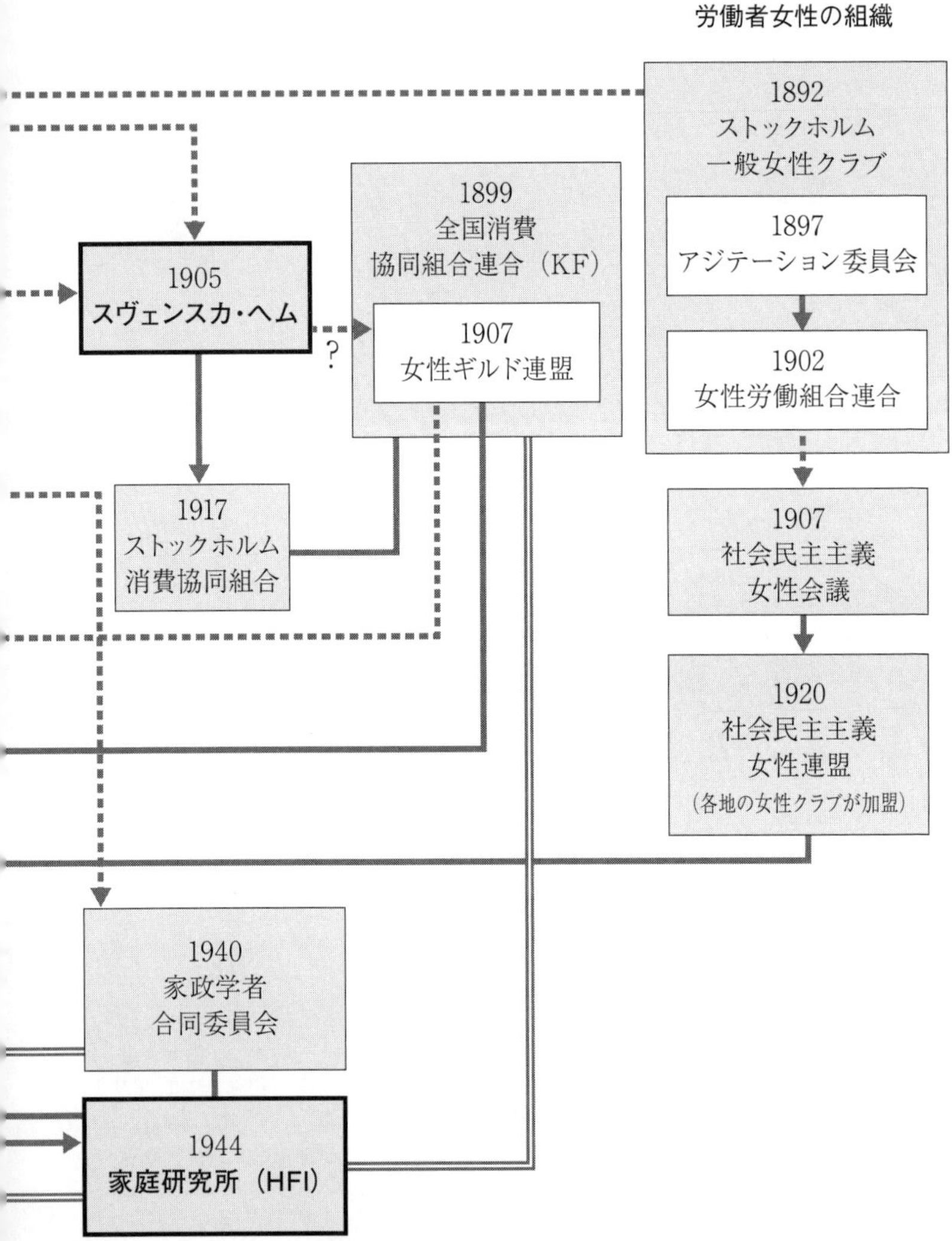
労働者女性の組織
1892
ストックホルム
一般女性クラブ
1897
アジテーション委員会
1902
女性労働組合連合
1899
全国消費
協同組合連合（KF）
1907
女性ギルド連盟
1905
スヴェンスカ・ヘム
?
1917
ストックホルム
消費協同組合
1907
社会民主主義
女性会議
1920
社会民主主義
女性連盟
（各地の女性クラブが加盟）
1940
家政学者
合同委員会
1944
家庭研究所（HFI）

組織関係図

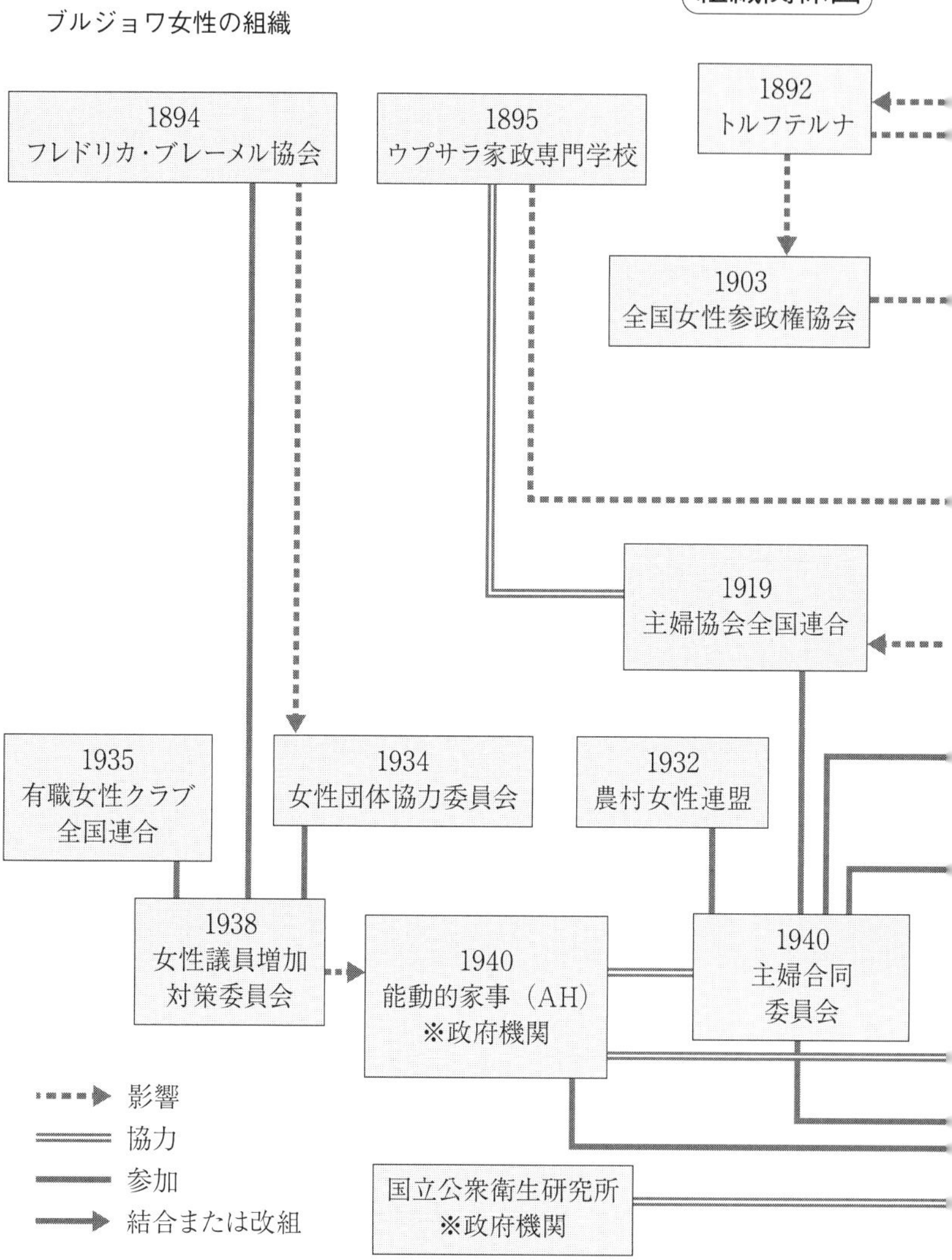
ブルジョワ女性の組織
1894
フレドリカ・ブレーメル協会
1895
ウプサラ家政専門学校
1892
トルフテルナ
1903
全国女性参政権協会
1919
主婦協会全国連合
1935
有職女性クラブ
全国連合
1934
女性団体協力委員会
1932
農村女性連盟
1938
女性議員増加
対策委員会
1940
能動的家事（AH）
※政府機関
1940
主婦合同
委員会
国立公衆衛生研究所
※政府機関
影響
協力
参加
結合または改組

⑥⑨柏木博（1995／2015）『家事の政治学』岩波現代文庫。
⑦⓪ギーディオン、ジークフリート（1969＝1977）『機械化の文化史―ものいわぬものの歴史』榮久庵祥二訳、鹿島出版会。
⑦①ケイ、エレン（1900＝1979）「婦人解放と母性保護」『児童の世紀』小野寺信・小野寺百合子訳、冨山房百科文庫。
⑦②ケイ、エレン（1903＝1997）『恋愛と結婚』小野寺信・小野寺百合子訳、新評論。
⑦③小山静子（1991／2022）『良妻賢母という規範』勁草書房。
⑦④小山静子（1999）『家庭の成立と女性の国民化』勁草書房。
⑦⑤コーワン、ルース・シュウォーツ（1983＝2010）『お母さんは忙しくなるばかり―家事労働とテクノロジーの社会史』髙橋雄造訳、法政大学出版局。
⑦⑥高橋美恵子（2018）「スウェーデンにおける仕事と育児の両立支援施策の現状」労働政策研究・研修機構編『ビジネス・レーバー・トレンド』2018年10月号。
⑦⑦田中裕美子（1997）「労働力の女性化と性別役割分業―スウェーデンの事例による一考察」同志社人文研究所『社会科学』58号。
⑦⑧ハイデン、ドロレス（1981＝1985）『家事大革命』野口美智子他訳、勁草書房。
⑦⑨原克（2009）『アップルパイ神話の時代―アメリカ　モダンな主婦の誕生』岩波書店。
⑧⓪藤原辰史（2012／2016）『〔決定版〕ナチスのキッチン』共和国。
⑧①フリーダン、ベティ（1963＝1965）『新しい女性の創造』三浦冨美子訳、大和書房。
⑧②ミュルダール、A、クライン、V（1957＝1985）『女性の二つの役割―家庭と仕事』大和チドリ、桑原洋子訳、ミネルヴァ書房。
⑧③山田昌弘（2013）「男女共同参画は、日本の希望②　大きな時代変化の中で」内閣府『共同参画』57号。
⑧④レグランド塚口淑子（2006）『女たちのスウェーデン』ノルディック出版。

Vi skröt om att ha vatten inne! ... och 25 andra berättelser om folkets hem i folkhemmets Sverige, Stockholm: Premiss.

㊿8Therborn, Göran (1981) Klass, kön och reproduktion, *Sociologisk Forskning*, Vol. 18, No. 2.

59Tistedt, Petter (2020) Propagandastudier: Kooperativa Förbundet, demokratin och det fria tankelivet på 1930-talet, i *Nordic Journal of Educaional History*, Vol.7, no.1.

60Wester, Anna (2004) *Hjältinna i folkhemmet: Normer och ideal i Morgonbris 1932–1939*, Stockholm: Stockholms universitet.

61Åkerman, Brita (1983a) "Ha maten färdig när mannen kommer hem": Historien om kvinnans uppgifter" i Åkerman, Brita m.fl., *Den okända vardagen: Om arbetet i hemmen*, Stockholm: Akademilitteratur.

62Åkerman, Brita (1983b) Korgens makt: Om kvinnorna och kooperationen, i Åkerman, Brita m.fl., *Vi kan, Vi behövs! : Kvinnorna går samman i egna föreningar*, Stockholm: Akademilitteratur.

63Åkerman, Brita (1983c) Idealism och praktiskt handling: Om Sveriges Husmodersföreningars Riksförbund, i Åkerman, Brita m.fl., *Vi kan, Vi behövs! : Kvinnorna går samman i egna föreningar*, Stockholm: Akademilitteratur.

64Åkerman, Brita (1983d) Från mjölkningen till föreningslivet: Om Svenska Landsbygdens Kvinnoförbund, i Åkerman, Brita m.fl., *Vi kan, Vi behövs! : Kvinnorna går samman i egna föreningar*, Stockholm: Akademilitteratur.

65Åkerman, Brita (1983e) "Väldiga aktiva och kolossalt aktuella": Om yrkeskvinnors klubbar och förbund, i Åkerman, Brita m.fl., *Vi kan, Vi behövs! : Kvinnorna går samman i egna föreningar*, Stockholm: Akademilitteratur.

66Åkerman, Brita (1984a) Aktiv Hushållning, i Åkerman, Brita m.fl., *Kunskap för vår vardag: Utbildning och forskning för hemmen*, Stockholm: Akademilitteratur.

67Åkerman, Brita (1984b) Forskning för att förändra, i Åkerman, Brita m.fl., *Kunskap för vår vardag: Utbildning och forskning för hemmen*, Stockholm: Akademilitteratur.

68今井小の実（2016）「ケアの社会化・ジェンダー平等化と福祉国家－スウェーデンの歴史から何を学ぶか」『季刊社会保障研究』51巻３・４号。

berätta!: arbetarminnen från gamla tiders Sverige, Stockholm: Pogo press.

㊷Pettersson, Leo (2017) Kronprinsessan på plats för att stötta skådespelarna, *Aftonbladet*, 20 november 2017.

㊸Qvist, Gunnar (1960) *Kvinnofrågan i Sverige 1809–1846: Studier rörande kvinnans näringsfrihet inom de borgerliga yrkena*, Göteborg: Elander.

㊹Rosell, Kerstin Maria (1980) "Det var olycksfall i verker i nästan varige dag," i Eva Dahlgren, *Kvinnor på bruket*, Stockholm: Författarförlaget.

㊺Rörslett, Maj Birgit (1995) "I andra hand"... Kvinnliga vägar i 1900-talets Sverige, i Hirdman, Yvonne red., *Påminnelser: Om kvinnors liv i Sverige*, Stockholm: Carlsson bokförlag.

㊻Sandel, Maria (1913) *Virveln*, Stockholm: Tiden.

㊼SCB (2020) *På tal om kvinnor och män: Lathund om jämställdhet 2020*, Örebro: Statistiska centralbyrån.

㊽Schånberg, Ingela (2004) *De dubbla budskapen: kvinnors bildning och utbildning i Sverige under 1800- och 1900-talen*, Lund: Studentlitteratur.

㊾Socialstyrelsen (1947) *Sveriges officiella statistik: Lönestatistisk årsbok för Sverige 1945*, Stockholm: Kungliga Socialstyrelsen.

㊿Statistiska centralbyrån (1969) *Historisk statistik för Sverige Del. 1 Befolkning 1720–1967*, andra upplagen, Örebro: Statistiska centralbyrån.

(51)Sveriges socialdemokratiska kvinnoförbund, *Morgonbris*, mars 1906.

(52)Sveriges socialdemokratiska kvinnoförbund, *Morgonbris*, november 1907.

(53)Sveriges socialdemokratiska kvinnoförbund, *Morgonbris*, julnummer 1927.

(54)Sveriges socialdemokratiska kvinnoförbund, *Morgonbris*, november 1929.

(55)Sveriges socialdemokratiska kvinnoförbund, *Morgonbris*, september, 1936.

(56)Söderlund, Inez Sofia (1980) "Barnen har hållit mig uppe," i Eva Dahlgren. *Kvinnor på bruket*. Stockholm: Författarförlaget.

(57)Tallberg, Gunnbritt (2012) "Det blir allt bättre", i Övling, Johanna red.,

㉘Key, Ellen (1903) Samhällsmoderlighet, i *Livslinjer I*, Stockholm: Bonnier.

㉙KF:s hemsida, *Blogg*, Det stod kvinnor bakom – något om den kooperativa kvinnogillesrörelsen i Sverige. (https://kf.se/det-stod-kvinnor-bakom-nagot-om-den-kooperativa-kvinnogillesrorelsen-i-sverige/) hämtad 2022-11-12.

㉚KF:s hemsida. (http://kf.se/medlemskapet/) hämtad 2022-11-12.

㉛Kvinnofronten, *Kvinnorörelsens organisationer*, "Stockholms Tjänarinneförening." (http://www.kvinnofronten.nu/Formodrar/Special/Kvinnoorganisationer/sthlms-tjanarinneforening.htm) hämtad 2022-11-12.

㉜Kyle, Gunhild (1972) *Svensk flickskola under 1800-talet*, Göteborg: Kvinnohistoriskt arkiv.

㉝Källström, Eva Josefina (1980) "Kärringarna, dom skulle vara hemma" i Eva Dahlgren, *Kvinnor på bruket*, Stockholm: Författarförlaget.

㉞Larsson, Alma (1978) "Statardottern och hennes mor", i Rehnberg, Mats red., *Jag kan berätta!: arbetarminnen från gamla tiders Sverige*, Solna: Pogo press.

㉟Leffler, Johan (1897) *De industriella arbeterskornas lefnads- och löneförhållanden i Stockholm*. Stockholm: Nationalekonomiska föreningen.

㊱Lindgren, Anne-Marie & Lindgren Åsbrink, Marika (2007) *Systrar kamrater! Arbetarrörelsens kvinnliga pionjärer*, Stockholm: Idé och tendens.

㊲Liljeström, Rita & Dahlström, Edmund (1981) *Arbetarkvinnor i hem- arbets- och samhällsliv*, Stockholm: Tiden.

㊳Ljunghorn, Anna-Greta (2012) "Linneskåpet var en skrytmöbel", i Övling, Johanna red., *Vi skröt om att ha vatten inne! … och 25 andra berättelser om folkets hem i folkhemmets Sverige*, Stockholm: Premiss.

㊴Lund, Kristina (2009) *Tvättstugan: En svensk historia*, Stockholm: Nordiska museet.

㊵Palme, Olof, *Kvinnans jämlikhet*, i olofpalme.org, tillgängliggör Olof Palmes arkiv på nätet. (http://www.olofpalme.org/1972/10/02/kvinnans-jamlikhet/) hämtad 2022-11-12.

㊶Persson, Amelie (1978) "En bondpiga", i Rehnberg, Mats red., *Jag kan*

hemsida, *Blogg* (https://kf.se/husmorsgymnastik/) hämtad 2022-11-12.
⑮Hirdman, Yvonne. (1983a) *Magfrågan: Mat som mål och medel, Stockholm 1870–1920*, Stockholm: Rabén & Sjögren.
⑯Hirdman, Yvonne (1983b) Den socialistiska hemmafrun: Den socialdemokratiska kvinnorörelsen och hemarbetet 1890-1939, i Åkerman, Brita m.fl., *Vi kan, Vi behövs!: Kvinnorna går samman i egna föreningar*, Stockholm: Akademilitteratur.
⑰Hirdman, Yvonne (1989/2010) *Att lägga livet till rätta: studier i svensk folkhemspolitik*, Stockholm: Carlsson bokförlag.
⑱Hirdman, Yvonne (1992) *Den socialistiska hemmafrun och andra kvinnohistorier*, Stockholm: Carlsson bokförlag.
⑲Hirdman, Yvonne (1998) State policy and gender contracts: the Swedish experience, in Drew, E., Emerek, R. & Mahon, E. eds. *Women, Work and the Family in Europe*, London: Routledge.
⑳Hultgren, Inger (1982) *Kvinnors organisation och samhällets beslutsprocess: Fredrika-Bremerförbundet och Husmodersförbundet Hem och samhälle på riksplanet och lokalt i Jämtlands län 1925–1975*, Umeå: Universitetet i Umeå.
㉑Håkansson Petré, Lisbeth (2019) *Tisdagar med Tolfterna: nätverkande kvinnor i sekelskiftets Stockholm*, Stockholm: Stockholmia förlag.
㉒*Idun*, nr.47, den 23 november 1905. s.595
㉓Johnson, Anders (2020) *Anna Whitlock: reformpedagog och rösträttsledare*, Stockholm: Förlaget Näringslivshistoria.
㉔Johnson, Linnea, Johnson, Molly & Forselius, Tilda Maria. (1977) *Mormorsboken*, Lund: Cavefors.
㉕Karlsson, Gunnel (1996) *Från broderskap till systerskap: Det socialdemokratiska kvinnoförbundets kamp för inflytande och makt i SAP*, Lund: Studentlitteratur.
㉖Karlsson, Helena (2016) Kooperativa kvinnor på frammarsch: kvinnogillet i flen 1908–1913, i *Sörmlandsbygden*, 15 september 2016. (https://arkivsormland.se/kooperativa-kvinnor-pa-frammarsch-kvinnogillet-i-flen-1908-1913/) hämtad 2022-11-12.
㉗Karlsson, Tony (2016) *Svenska hem– ett kvinnokooperativ*, 16 december, 2016. (https://kf.se/svenska-hem-ett-kvinnokooperativ/) hämtad 2022-11-12.

参考文献一覧

①Aléx, Peder (1994) *Den rationella konsumenten: KF som folkuppfostrare 1899–1939,* Stockholm: Brutus Östlings bokförlag Symposion.

②Asplund, G., Gahn, W., Markelius, S., Paulsson, G., Sundahl, E. & Åhren, U. (1931) *Acceptera*, Stockholm: Tiden.

③Axelsson, Christina (1992) *Hemmafrun som försvann: Övergången till lönarbete bland gifta kvinnor i Sverige 1968-1981*, Stockholm: Stockholms universitet.

④Bergdahl, Ewa. (2020) *Maria Sandel 150 år – vår första kvinnliga arbetarförfattare.* (http://www.forrochnu.se/forsta-kvinnliga-arbetarforfattaren/) hämtad 2022-11-12.

⑤Björk, Monika & Kaijser, Eva (2013) *Svenska hem: Den sanna historien om Fröken Frimans krig*, Stockholm: Latona ord & ton.

⑥Boalt, Carin (1984) Hemmens forskningsinstitut: Hur vi arbetade. Vad vi gjorde, i Åkerman, Brita m.fl., *Kunskap för vår vardag: utbildning och forskning för hemmen,* Stockholm: Akademilitteratur.

⑦Boström, Raoul F. (2008) *Ladugårdslandet och Tyskbagarbergen blir Östermalm*, Trafik-Nostalgiska Förlaget.

⑧Clayhills, Harriet (1991) *Kvinnohistorisk uppslagsbok*, Stockholm: Rabén & Sjögren.

⑨Forselius, Tilda Maria, "Maria, G A Sandel", i *Svenskt biografiskt lexikon*. (https://sok.riksarkivet.se/sbl/artikel/6336) hämtad 2022-11-12.

⑩Frolin, Christina (2011) Kampen om kunskapen, i Backlund, B. & Hayman, A.S. red., *Kvinnohistoria i Sverige,* Göteborgs universitet.

⑪Garryh, Stina (1978) "Ur tjänarinnornas liv", i Rehnberg, Mats red., *Jag kan berätta!: arbetarminnen från gamla tiders Sverige*, Stockholm: Pogo press.

⑫Gentele, Jeanette (2015) Ingen blir besviken på Fröken Frimans krig, i *Svenska Dagbladet*, 23 december, 2015.

⑬Giertz, Anne (2012) "Två generationers husmödrar", i Övling, Johanna red., *Vi skröt om att ha vatten inne! ... och 25 andra berättelser om folkets hem i folkhemmets Sverige*, Stockholm: Premiss.

⑭Hagström, Michael (2016) Husmorsgymnastik för bättre hälsa, KF:s

・ストックホルム博覧会で展示された労働者向けのテラスハウス。1930年。撮影者不明。Arkitektur- och designcentrum 所蔵。
・ストックホルム博覧会で展示された消費協同組合の店舗。1930年。Cronquist, Gustaf W:son（1878〜1967）撮影。Stockholms stadsmuseum 所蔵。
・1930年代に建設された機能主義住宅のキッチン。撮影年・撮影者不明。Arkitekturmuseum 所蔵。
・住宅協同組合 HSB によるストックホルム市内の大規模集合住宅。2008年。Enhamre 撮影。
・アルヴァ・ミュルダール。1968年。Arbetarbladet, Tierp に掲載。Upplandsmuseet 所蔵。
・『朝風』1936年9月号の表紙。Sveriges socialdemokratiska kvinnoförbund, *Morgonbris*, september 1936.
・「能動的家事（AH）」が発行した冊子の一部。筆者撮影。
・システムキッチンの中央に立った場合に左右の手を伸ばして届く範囲と、収納物ごとの使用頻度を計測し図示したもの。*HFI meddelanden*, 1951, vol.1, s.58.
・1910年頃に建てられた都市部の賃貸集合住宅のキッチン。*HFI meddelanden*, 1951, vol.1, s.94.
・食器洗いにかかる時間の計測の様子。1952年。Sundahl, Sune 撮影。Arkitektur- och designcentrum 所蔵。
・食器洗いの比較。1950年。Sundahl, Sune 撮影。Arkitektur- och designcentrum 所蔵。
・HFI の調査（キッチン用品の試用）。1950〜1953年頃。Sundahl, Sune 撮影。Arkitektur- och designcentrum 所蔵。
・HFI の商品テストで集められた鍋と衣料洗剤。1951年。Sundahl, Sune 撮影。Arkitektur- och designcentrum 所蔵。
・「私たちの料理本」第25版（2009年発行）の表紙。COOP provkök, *Vår kokbok*, 25:e upplagan, Stockholm: Norstedt.
・ストックホルム市内の公園における主婦体操の様子。1942年。Karl Erik Bergvall 撮影。Stockholms stadsarkiv 所蔵。

第6章

・グループ・オッタによるデモ。1971年。Bengt Almquist 撮影。Dagens Nyheter 所蔵。

第３章

・洗濯労働者のストライキへの支援を呼びかけるチラシ。1903年。Kvinnornas fackförbund 作成。Arbetarrörelsens arkiv och bibliotek 所蔵。
・女性労働組合連合が主催する「女性労働者の集い」の告知ポスター。1903年。Kvinnornas fackförbund 作成。Arbetarrörelsens arkiv och bibliotek 所蔵。
・社会民主主義女性会議の出席者。1907年。撮影者不明。Arbetarrörelsens arkiv och bibliotek 所蔵。
・初の女性国会議員になったアグダ・エストルンドの演説会場。1921年９月11日。撮影者不明。Arbetarrörelsens arkiv och bibliotek 所蔵。
・アンナ・ヴィトロックが運営した学校における生物の授業の様子。1905〜1920年頃。撮影者不明。Stockholms stadsmuseum 所蔵。
・ストックホルム市の電話会社で働く電話交換手。1902年。撮影者不明。Stockholms stadsmuseum 所蔵。
・自画像とともに立つエレン・ケイ。1908年。撮影者不明。Stockholms stadsmuseum 所蔵。
・ストックホルム労働者教育協会の講義室。1950年末。撮影者不明。Stockholms stadsarkiv 所蔵。
・ストックホルム労働者教育協会の建物外観。撮影年・撮影者不明。Stockholms stadsarkiv 所蔵。

第４章

・中西部スンツバル市近郊の村の消費協同組合の店舗。1910〜1930年頃。撮影者不明。Sundsvalls museum 所蔵。
・ヘムゴーデンの中庭。1908年。Blomberg, Anton（1862〜1936）撮影。Stockholms stadsmuseum 所蔵。
・第一次世界大戦中のストックホルム市内の食料品店前の行列。1914〜1918年。撮影者不明。Stockholms stadsmuseum 所蔵。
・集合住宅の共同洗濯室。1930年代。撮影者不明。Tekniska museet 所蔵。

第５章

・ストックホルム博覧会で展示された労働者向けの戸建て住宅。1930年。Cronquist, Gustaf W:son（1878〜1967）撮影。Arkitektur- och designcentrum 所蔵。

写真出典

第１章

・テレビドラマ「ミス・フリーマンの戦争」*Fröken Frimans krig*, Svensk filmindustri, 2020.
・アンナ・ヴィトロック。*Hvar 8 dag*, nr.39, 23 juni, 1912.
・スヴェンスカ・ヘムの店舗（上）。1906年。撮影者不明。Stockholms stadsmuseet 所蔵。
・スヴェンスカ・ヘムの店舗（下）。1905～1910年頃。撮影者不明。Stockholms stadsmuseet 所蔵。

第２章

・ストックホルム市ヒェートリエット広場。1870年代。撮影者不明。Stockholms stadsmuseum 所蔵。
・広場で肉を売る女性。1900～1901年頃。撮影者不明。Stockholms stadsmuseum 所蔵。
・ヴェストマンランド地方の労働者市場。1865年。Josef Wilhelm Wallander による油彩画。Västerås Stadsarkiv 所蔵。
・カトリネホルム市郊外のユリータ農場で働くスタータレとその妻たち。1910年頃。撮影者不明。Nordiska museets 所蔵。
・ストックホルムの野外博物館スカンセンに復元展示されている19世紀末のスタータレの長屋の内部。筆者撮影。
・スウェーデン中部ダーラナ地方の Domnarvet 製鉄所とその周辺。1931年。撮影者不明。Järnvägsmuseet 所蔵。
・ストックホルム市、旧市街の湖畔で洗濯をする女性たち。1910年。Malmström, Axel（1872～1945）撮影。Stockholms stadsmuseum 所蔵。
・ストックホルム市セーデルマルム地区のビール醸造所の女性労働者。1895～1910年頃。撮影者不明。Stockholms stadsmuseum 所蔵。
・ストックホルム市クングスホルメン地区の帽子製造工場。1899年。撮影者不明。Stockholms stadsmuseum 所蔵。
・ストックホルム市リリエホルメン地区のロウソク工場。1928年。Malmström, Axel（1872～1945）撮影。Stockholms stadsmuseum 所蔵。
・ストックホルムの清掃業者に雇われて路面電車の清掃を担当する女性たち。1905年。Malmström, Axel（1872～1945）撮影。Stockholms stadsmuseum 所蔵。

著者紹介

太田美幸（おおた・みゆき）

一橋大学大学院社会学研究科教授。博士（社会学）。
著書に『スウェーデン・デザインと福祉国家――住まいと人づくりの文化史』（新評論、2018年）、『生涯学習社会のポリティクス―スウェーデン成人教育の歴史と構造』（新評論、2011年）、共編著に『ノンフォーマル教育の可能性』（新評論、2013年）、『ヨーロッパ近代教育の葛藤』（東信堂、2009年）、訳書にコルピ著『政治のなかの保育』（かもがわ出版、2010年）、ニューマン＆スヴェンソン著『性的虐待を受けた少年たち』（新評論、2008年）、クリストッフェション著『イケアとスウェーデン』（新評論、2015年）がある。

スヴェンスカ・ヘムの女性たち

―スウェーデン「専業主婦の時代」の始まりと終わり―

2023年３月15日　初版第１刷発行

著　者　太　田　美　幸

発行者　武　市　一　幸

発行所　株式会社　新　評　論

〒169-0051
東京都新宿区西早稲田３-16-28
http://www.shinhyoron.co.jp

電話　03(3202)７３９１
FAX　03(3202)５８３２
振替・00160-1-113487

落丁・乱丁はお取り替えします。
定価はカバーに表示してあります。

印刷　フ　ォ　レ　ス　ト
製本　中　永　製　本　所
装丁　山　田　英　春

Printed in Japan
ISBN978-4-7948-1235-3

新評論　好評既刊　スウェーデンの社会を知るための本

クラウディア・ワリン／アップルヤード和美　訳

あなたの知らない政治家の世界

スウェーデンに学ぶ民主主義

日本の国会議員の年収約2200万、かたやかの国では約888万！
高橋源一郎氏らリベラルも注目する民主政治先進国のリアルな姿。

四六並製　344頁　3520円　ISBN978-4-7948-1141-7

森元誠二

スウェーデンが見えてくる

「ヨーロッパの中の日本」

「優れた規範意識、革新精神、高福祉」など正の面だけでなく、
現在生じている歪みにも着目した外交官ならではの観察記録。

四六並製　272頁　2640円　ISBN978-4-7948-1071-7

ポール・ラパチオリ／鈴木賢志　訳

良いスウェーデン、悪いスウェーデン

ポスト真実の時代における国家ブランド戦争

真実も嘘も瞬時に千里を走るネット時代、280字のつぶやきを
武器とする戦争が始まった!?　刺激に満ちた政治文化エッセイ。

四六並製　234頁　2420円　ISBN978-4-7948-1130-1

A. リンドクウィスト&J. ウェステル／川上邦夫　訳

あなた自身の社会　スウェーデンの中学教科書

子どもたちに社会の何をどう教えるか。最良の社会科テキスト。
皇太子さまが45歳の誕生日の会見で、愛子様の子育てについて
語られた際に朗読された詩『子ども』収録。

A5並製 228頁 2420円　ISBN4-7948-0291-9

ヨーラン・スパネリッド／鈴木賢志＋明治大学国際日本学部鈴木ゼミ編訳

スウェーデンの小学校社会科の教科書を読む

日本の大学生は何を感じたのか

民主制先進国の小学校教科書を日本の大学生が読んだら…？
「若者の政治意識」の生成を探求する明治大学版・白熱教室！

四六並製　216頁　1980円　ISBN978-4-7948-1056-4

表示価格はすべて税込価格です。

新評論　好評既刊　スウェーデンの社会を知るための本

太田美幸

スウェーデン・デザインと福祉国家

住まいと人づくりの文化史

世界的人気を誇る北欧インテリアの意匠と豊かな福祉国家の形成は、どのように関連しているのか？鋭い視点から描くユニークな文化史。

四六並製 304頁 3080円 ISBN978-4-7948-1105-9

サーラ・クリストッフェション／太田美幸 訳

イケアとスウェーデン

福祉国家イメージの文化史

「裕福な人のためでなく、賢い人のために」。世界最大の家具販売店のデザイン・経営戦略は、福祉先進国の理念と深く結びついていた！

四六並製 328頁 3080円 ISBN978-4-7948-1019-9

表示価格はすべて税込価格です。